CASOS POLTERGEIST

Desconcertantes Casos de Actividad Fantasma Paranormal

EDEN HOFFMAN

El uso de marcas comerciales en este documento carece de consentimiento, y la publicación de la marca comercial no tiene ni el permiso ni el respaldo del propietario de la misma.

Todas las marcas comerciales dentro de este libro se usan solo para fines de aclaración y pertenecen a sus propietarios, quienes no están relacionados con este documento.

Índice

Introducción   vii

1. Gran Bretaña   1
2. Europa   49
3. Norteamérica   69
4. Asia   113
5. África   121
6. Australia   129
7. América del Sur   135
   Conclusión   143

Introducción

Al igual que los chistes, los temas para las historias y las excusas para el asesinato, lo paranormal sólo tiene unas pocas bases originales de las que surge todo.

De la lectura de todos los casos recogidos en este volumen se desprende que cada uno de ellos podría encajar perfectamente en una u otra de las siguientes definiciones: apariciones, ruidos incorpóreos, luces fantasmales, poltergeist, fenómenos religiosos, combustión espontánea y lluvia de piedras.

Pero como lo paranormal está lejos de ser un tema lógico, esto significa que cada caso no se queda tranquilamente en su propia caja, sino que saltan de una a otra de forma frenética. Sin embargo, algo que tienen en común es el hecho de que todas y cada una de estas siete categorías pueden ocurrir absolutamente en cualquier lugar.

A continuación, se ofrece un breve resumen del tipo de fenómenos experimentados.

Apariciones

Probablemente la forma más romántica de fenómeno sobrenatural, sobre todo porque nunca parecen dañar a nadie. Son como grabaciones de vídeo de otro tiempo superpuestas a nuestro presente, que se disuelven rápidamente cuando intentamos manipularlas. Van de lo mundano a lo extraño.

Personas de todo el mundo los han visto como alienígenas del espacio exterior o diosas indias que cobran vida, mientras que muchos simplemente los aceptan como parte de la vida cotidiana. Por lo general, estos espectros tienden a ignorarnos por completo, pero eso no significa que su presencia no tenga que ser muy inquietante. Un caballero australiano, por ejemplo, hizo las maletas y se mudó de casa cuando vio un fantasma de aspecto espeluznante asomado a la ventana de su salón. También se sabe que aparecen al azar en las fotografías, cuando el feliz fotógrafo había tomado una imagen del pasado sin darse cuenta.

Saber que las apariciones son imágenes de una época pasada, ajenas a nuestra presencia, podría ser muy tranquilizador para el receloso cazador de fantasmas, si no fuera por casos como el de la artista fallecida Meri Genetz, que frecuenta su antiguo piso de Helsinki. ¿Qué extraña confusión física permite a un fantasma del pasado entablar conversación con una persona viva?

Sin embargo, estos casos siguen siendo muy raros, y la mayoría de los testigos no consiguen obtener ni una chispa de reconocimiento de la aparición que han visto. Las apariciones son la forma más esquiva del fenómeno sobrenatural. Incluso cuando se dispone de fechas y horas para un avistamiento regular, a menudo resulta decepcionante ir en su busca. Como le dirán muchos publicanos impacientes con un fantasma *in situ*, las apariciones no pueden invocarse para que aparezcan a una hora determinada.

Hasta que no sepamos exactamente qué tipo de condiciones se necesitan para generar una aparición fantasmal, esa información no tiene el valor que nos gustaría.

No hay que olvidar que las apariciones también pueden ser imágenes de personas que siguen vivas. Se sabe, por ejemplo, que los moribundos proyectan visiones de sí mismos a sus seres queridos al otro lado del mundo. En ocasiones, los fenómenos fantasmales se manifiestan en torno a personas que están a punto de dejar este mundo, como si se produjera un repentino aumento de la descarga psíquica de la persona implicada.

Se sabe que la creación de apariciones de personas normales y sanas es puramente accidental por parte del protagonista, que a menudo no tiene ni idea de que su doble se está haciendo pasar por él mismo en un lugar distinto al de su cuerpo físico. Este es otro aspecto de las experiencias extracorpóreas y la proyección astral. A menudo no hay ninguna razón aparente para que un doble aparezca de repente.

Es posible que la persona cuya imagen se proyecta ni siquiera esté en los pensamientos del testigo que la ve. La afirmación de la proyección astral promueve más bien la idea de que los seres humanos son capaces de estar en dos lugares a la vez.

También hay casos raros de apariciones en brotes de poltergeist, lo que podría implicar que el fenómeno poltergeist no es puramente un producto del subconsciente humano, como creo que es en la mayoría de los casos.

Parece que las apariciones pueden ser una imagen del pasado superpuesta al presente, el producto del subconsciente de una persona que se aparece a otras personas receptivas, o el viejo favorito, una entidad de ultratumba.

Mi teoría favorita es que tal vez las distintas dimensiones temporales coexistan, como los surcos de un disco de larga duración, y se solapen ocasionalmente. Esto explicaría los muchos casos que tenemos de edificios y paisajes de otra época que se aparecen a un testigo. También explicaría los casos de apariciones comunicantes, como Meri Genetz o los numerosos casos de autoestopistas fantasmas en todo el mundo.

Esto abre la tentadora idea de que quizá algunas imágenes de personas, edificios y paisajes que se ven... puedan ser del futuro.

Ruidos incorpóreos

Si pensamos que los fenómenos sobrenaturales son como una pila que se agota con el paso de los años, comprenderemos que un fantasma, que en un principio pudo ser impresionante, se reduzca a una simple pisada desordenada, etc. Hay muchos casos de habitantes de casas que no creen que su hogar esté embrujado en el sentido espeluznante convencional, pero que oyen ruidos de vez en cuando que son inexplicables.

Podría ser que, sin saberlo, estuvieran captando los últimos coletazos de un embrujo, que brota de vez en cuando como si estuviera agotando sus últimos vestigios de poder.

A veces, los ruidos fantasmales no son perceptibles para el oído humano y sólo pueden ser percibidos por animales o, en algunos casos, por grabadoras, como en el caso del faro de Point Lookout (Maryland, EE.UU.). Las voces grabadas por investigadores psíquicos señalaron que el fenómeno se remontaba a la época de la Guerra Civil estadounidense, cuando había un hospital de campaña en la zona.

Las voces eran indescifrables, pero cuando se reproducían en la cinta se volvían tan claras como una campana. Este tipo de fenómeno indica que el fenómeno se está desvaneciendo poco a poco, como lo haría una cinta de casete tras varios años de uso.

Por eso, desconfíe de quienes le digan que el fantasma que habita en la zona lleva rondando cerca de 1.000 años y aún sigue activo. Los pubs ingleses son especialmente aficionados a este viejo cuento.

Un fantasma que se remonta a un suceso acaecido siglos atrás puede que ahora sólo se manifieste en algún ruido de vez en cuando, en apariciones que aparecen incoloras y silenciosas como un negativo fotográfico, o en bolas de luz que a menudo pueden verse sobre los antiguos campos de batalla. Esto nos lleva a la siguiente categoría.

Luces fantasma

Las luces fantasma, o spook lights, como se conocen en Estados Unidos, son bolas de luz de fósforo que suelen verse flotando alrededor de una zona durante varios años. A menudo se trata de relámpagos en forma de bola o de bolas de metano que surgen de los pantanos.

Ocupan un lugar muy antiguo en el folclore de todo el mundo, y cada país ha tenido su propio significado para ellos en el pasado. En Irlanda, se creía que eran espíritus malignos y se advertía a los niños que se vistieran del revés si les pillaba fuera de casa al anochecer, para que no les atrajeran.

Los suecos creían que eran las almas de los bebés no bautizados. En África se creía que se trataba de "fuego de brujas", enviado por las brujas para advertir a los pecadores que debían limpiar sus actos. En Estados Unidos hay cientos de casos de luces fantasmales, normalmente en los Apalaches, donde a veces se creía que indicaban dónde estaba enterrado un tesoro.

También se ven alrededor de las vías del tren, y muchas historias de fantasmas estadounidenses interpretan las luces fantasmales como un ferroviario decapitado con una linterna que se balancea, ¡buscando eternamente su cabeza!

De todos los fenómenos sobrenaturales, éste es probablemente el más fácil de explicar, ya que en la mayoría de los casos es obvio que se trata de un fenómeno natural.

Hoy en día, sin embargo, las luces fantasma tienden a confundirse más con el fenómeno OVNI que con algo sobrenatural, pero en el reino de lo inexplicable la línea que separa los fenómenos sobrenaturales de los OVNI es cada vez más difusa.

Esto es especialmente evidente en lo que respecta a los poltergeist.

Poltergeists

La actividad poltergeist es probablemente la forma más aterradora de fenómeno sobrenatural. A menudo es incontrolable, como muchos sacerdotes, brujos y médiums de todo el mundo han descubierto, y la gente ha sido mordida y golpeada, sus muebles quemados y destrozados, han perdido sus hogares, y en algunos casos raros, han sido gravemente heridos, a través del contacto con estos espíritus ruidosos, o incluso peor, véase el Poltergeist Jabuticabal en Brasil, en el que, al parecer, una joven fue posiblemente llevada a quitarse la vida.

Cuando un poltergeist invade una casa, los objetos pueden moverse, las puertas se cierran de golpe, se producen estallidos de golpes en las paredes, y en algunos casos más distinguidos se han experimentado inexplicables estallidos de fuego, y agua, aceite o incluso sangre humana brotando de la pared en grandes cantidades.

Pero tenga en cuenta que la actividad poltergeist está vinculada a personas, no a lugares. Si una casa se ve repentina e inexplicablemente bombardeada por este violento fenómeno, recuerde que el catalizador no es la casa, sino normalmente uno de sus habitantes o alguien estrechamente relacionado con el edificio.

Por este motivo, a los escépticos siempre les ha resultado relativamente fácil denunciar a los poltergeists como mera obra de estafadores que buscan llamar la atención.

Se afirma que algunos médiums físicos, psíquicos o sensibles (Uri Geller es un ejemplo famoso) pueden mover objetos simplemente ejerciendo el poder de su subconsciente, y es esta increíble energía, conocida como psicoquinesis, la que puede crear actividad poltergeist, cuando no está controlada y es desconocida para el catalizador implicado.

Los epicentros o catalizadores de los poltergeists suelen ser niños adolescentes (como en un famoso brote de poltergeist de los últimos tiempos, el de Enfield, en el que el catalizador, una niña de 12 años, experimentaba la menstruación por primera vez), pero también han sido inválidos, enfermos terminales, personas con frustración sexual crónica y cualquiera que atraviese una grave crisis de conciencia sobre su fe religiosa, o simplemente sufra un fuerte estrés. Todas estas personas tienen algo en común: están mentalmente confundidas, frustradas o profundamente infelices e insatisfechas.

La gente se ha mudado de casa para alejarse de su poltergeist, pero esto no cambiaría mucho las cosas si el catalizador se muda con ellos, a menos que, por supuesto, el catalizador quisiera mudarse desde el principio.

La mayoría de los brotes de poltergeist suelen durar tres o cuatro meses, pero ha habido casos que han durado desde uno o dos días hasta varios años. El fenómeno suele desaparecer cuando mejora el estilo de vida de la familia afectada.

Es un hecho interesante que en el hemisferio norte se produzcan muchos brotes de poltergeist durante los meses de otoño e invierno, y me ha llevado a especular si podría tener algo que ver con la enfermedad conocida como S.A.D., Trastorno Afectivo Estacional, una enfermedad debilitante que ahora está reconocida médicamente.

Otro aspecto podría ser la llegada del estresante periodo navideño. Pero algunos casos continúan cuando los meses oscuros han terminado y, por desgracia, no podemos encasillar todos los brotes de poltergeist como puramente psicológicos.

En siglos pasados, cualquier catalizador que sufriera en el centro de un brote de poltergeist era calificado de víctima de una posesión demoníaca, y solían practicarse espantosos exorcismos, con mayor o menor éxito.

Incluso en estos tiempos ilustrados, algunas personas no pueden descartar el síndrome del espíritu maligno, ya que creen que un catalizador puede servir a veces como papel de aluminio adecuado para un espíritu terrestre, y es entonces cuando tenemos esos casos poltergeist en los que se ven apariciones vagas o se experimenta la escritura automática.

En un brote de poltergeist en Gloucestershire a principios de la década de 1960 se afirmó que un niño de 14 años era el catalizador de una entidad, que resultó ser uno de los constructores de la casa que había muerto varios años antes.

Una supuesta entidad puede utilizar el catalizador para hacer sentir su presencia y, al no darse cuenta de que está muerta, puede frustrarse, tirando muebles, por ejemplo.

Utilizará estratagemas de este tipo para llamar la atención de los habitantes de la casa, como un niño infeliz que hace una rabieta para conseguir afecto y reconocimiento.

Tratar al poltergeist como se trataría a un niño petulante suele ser un enfoque propicio. No es raro que las familias se acostumbren a la presencia de un poltergeist y lo acepten como parte de la vida cotidiana, pero personalmente no creo que sea una buena idea. Los inconvenientes que crean los fenómenos pueden producir una frustración e infelicidad considerables en una casa, de ahí la vieja superstición de que algunos hogares dan "mala suerte".

En mi opinión, las casas absorben las atmósferas como esponjas y los poltergeists crean atmósferas muy negativas, especialmente en lo que se refiere a las masas de energía que el catalizador desvía para obtener resultados totalmente negativos.

A veces, el catalizador intenta mantener el fenómeno mucho más allá de su vida útil porque está disfrutando de la atención que obtiene. Este es, sin duda, un estilo de vida poco saludable para un niño. No existe una fórmula mágica para limpiar una casa de su poltergeist. A veces un sacerdote que realiza un exorcismo religioso puede funcionar, a veces no.

Lo mismo ocurre con los médiums. Incluso hay un grupo creciente de exorcistas de la Nueva Era que realizan ritos no cristianos. A veces, una mejora o comprensión de los problemas del catalizador puede ayudar, aunque esto se hace más difícil cuanto más tiempo se permite que el fenómeno florezca sin control.

A veces se agota, dependiendo de lo fuertes que sean los problemas, mientras que en ocasiones se encuentra una solución completamente excéntrica, ¡como en el caso del poltergeist de Pontefract que se extinguió colgando ajos por toda la casa! Una víctima de Richmond consiguió un "exorcismo instantáneo" maldiciendo a lo que creía que era una "entidad poltergeist".

Cuanto más se prolongue el brote, más difícil será resolver el problema.

El catalizador, como en el caso de Enfield, puede estar acostumbrado a ser el centro de atención y hará todo lo posible por mantenerlo, adornando las "travesuras del poltergeist". Las discusiones se prolongarán durante años, y los escépticos utilizarán el dudoso carácter del catalizador para denunciarlo todo.

El caso de Enfield es también un buen ejemplo de lo ingenuos que pueden llegar a ser algunos investigadores psíquicos, ya que cuando el catalizador empezó a gruñir palabras obscenas, el investigador creyó que tenía que ser la entidad la que hablaba, ¡ya que ninguna "agradable jovencita" conocería tales palabras!

Fenómenos religiosos

Muchos fenómenos religiosos pueden clasificarse bajo el paraguas de la actividad poltergeist. En la mayoría de los países del mundo se produce regularmente algún tipo de fenómeno inexplicable, con una fuerte asociación religiosa.

Suelen variar muy poco, las estatuas y las imágenes sangran o lloran, o los testigos escuchan mensajes y se producen curaciones milagrosas. Me resisto a decir que, en mi opinión, todo es puramente psicológico porque eso hace que suene a histeria colectiva, pero me temo que eso es lo que parece ser.

Las estatuas que lloran y las imágenes que sangran se parecen demasiado a los casos de poltergeist en los que las paredes gotean sangre, etc., como para descartarlos.

No dudo ni por un minuto que los testigos de los fenómenos religiosos sean auténticos en sus creencias, pero en muchos sentidos es su ferviente fe la que desencadena los acontecimientos. Tampoco se puede descartar la histeria colectiva. Para ilustrar este punto, tenemos el caso del santuario de Knock, en Irlanda, donde se dice que la estatua de la Virgen María se mueve.

Millones de devotos católicos acuden allí cada año, probablemente todos anhelando desesperadamente alguna señal de Dios. Irlanda es prolífica en fenómenos religiosos, y en una visita es fácil ver por qué. Santuarios y Vírgenes María pueblan las carreteras, y muchos católicos irlandeses aún se persignan al pasar por delante de una iglesia.

Basta que el entusiasmo de una persona se apodere de ella para que todo el mundo crea lo que cree ver. No se trata de subestimar el efecto que pueden tener estas alucinaciones masivas.

Desde hace más de un siglo, Lourdes (Francia) es la meca de la gente que busca curas milagrosas, y todo porque una adolescente francesa llamada Bernadette, hambrienta, agobiada y frágil, alucinó al ver una imagen de la Virgen María que le prometía una vida mejor en otro lugar.

Combustión espontánea

Los brotes inexplicables de fuego son una ocurrencia bastante común en la actividad poltergeist, donde los objetos domésticos, la ropa y los muebles pueden encenderse al azar sin previo aviso. Esto me lleva a la causa de la muerte que todavía hoy tiene desconcertados a los expertos médicos, la Combustión Humana Espontánea.

Los casos de personas que estallan en llamas son numerosos.

Han ardido espontáneamente bailando, sentados en el coche o durmiendo en la cama, y en todos los casos sus cuerpos han quedado calcinados, mientras que todo lo que había cerca permanecía incólume.

Las teorías de los escépticos, según las cuales las víctimas se sentaban demasiado cerca del fuego eléctrico o se prendían fuego mientras fumaban, no se sostienen cuando se analiza cada caso con lupa.

El primer caso registrado se produjo en París en 1673, y desde entonces ha habido una línea constante de bolas de fuego humanas, con víctimas que van desde alcohólicos ancianos hasta un bebé de cuatro meses durmiendo en su cuna. La combustión humana espontánea rara vez varía en la forma en que se produce, ya que el calor de las llamas suele ser tan intenso como el de un crematorio y, sin embargo, las víctimas parecen no sentir dolor, algunas incluso no son conscientes de que se están quemando.

A principios de siglo, en Inglaterra, una sirvienta barría despreocupadamente el suelo de una granja mientras le salían llamas por la espalda. En muchos casos, el fuego parece comenzar en el pecho o el abdomen de la víctima y luego arde rápidamente hacia el exterior.

En siglos pasados, el SHC se consideraba una especie de venganza bíblica, pero hoy en día se exponen numerosas teorías para intentar explicar el misterio. Ninguna de las cuales ha sido demostrada.

Pero mi favorita es la teoría del calor psíquico. Los monjes tibetanos se entrenan diligentemente en el arte de la mente sobre la materia. Disciplinan su subconsciente hasta tal punto que pueden sentarse desnudos al aire libre a temperaturas bajo cero y, sin embargo, entrenan las partes más profundas de su mente para calentar su cuerpo.

Los enterradores, al embalsamar cadáveres, suelen observar que aparecen marcas de quemaduras en la carne de los que están bien alimentados. Esto también puede ocurrir a los que aún están vivos. Hay un caso de una mujer canadiense que se despertó después de dormir cuatro horas y se encontró marcas de quemaduras en los muslos y el abdomen.

¿Y si las víctimas de SHC no eran conscientes, y por tanto incapaces de controlar, el calor psíquico que podía estar recorriendo sus cuerpos, provocándoles lesiones o a menudo la muerte? Aún más desconcertantes son los casos en los que la víctima puede provocar la avería de aparatos eléctricos y el incendio de otras cosas por el mero hecho de estar cerca de ella.

El mundo está hecho de campos de fuerza eléctricos, algunos de los cuales pueden generar fenómenos poltergeist.

En muchos casos, no es raro que los televisores se fundan, las luces se enciendan y apaguen y otros aparatos domésticos hagan de las suyas.

De nuevo nos adentramos en el ámbito de los ovnis.

Durante la extensa actividad OVNI alrededor de Broadhaven, Gales, en 1977, que se centró en una granja remota, los habitantes se vieron acosados por televisores y coches que se quemaban, y experimentaron muchos fenómenos que normalmente asociamos con un embrujo.

Los fenómenos parecían centrarse en la mujer del granjero y disminuían cuando ella no estaba. ¿Se equivocan los investigadores de ovnis al buscar extraterrestres?

¿Realmente gran parte de los fenómenos pertenecen al campo de los poltergeists?

No he incluido ningún caso de muerte por SHC en este libro porque se trata de un tema complejo, pero existen libros en el mercado que tratan exclusivamente del SHC y deberían consultarse para obtener una visión completa de este fenómeno intrigante y aterrador.

Lluvias de piedra

Cuando se produce una actividad poltergeist, a veces el propio edificio recibe una lluvia de ladrillos, piedras y otros escombros.

Las lluvias de piedras pueden caer de un cielo despejado y son una de las formas más inexplicables de fenómenos poltergeist.

En la mayoría de los casos, las personas no resultan heridas y los bienes permanecen intactos, pero no siempre es así, ya que en algunos casos se han producido daños considerables.

Tampoco se trata siempre de edificios aislados, sino de calles enteras o incluso pequeñas ciudades.

Las lluvias de piedras podrían asociarse a las formas más extrañas de fenómenos naturales, como la caída de peces, etc., si no fuera por el misterioso hecho de que las lluvias de piedras rara vez causan daños, y las personas golpeadas por los escombros han salido ilesas. También se sabe que las lluvias de piedras se producen en habitaciones cerradas.

Uno de los casos más inexplicables de lluvia de piedras se produjo en 1983 en el desierto de Arizona, cuando durante tres meses llovieron piedras sobre una casa todas las tardes desde las 17.30 hasta las 19.00 horas. No podemos descartar una conexión poltergeist con las lluvias de piedras, y el factor del campo de fuerza es muy fuerte aquí.

Muchas zonas en las que se producen fantasmas y se concentran fenómenos OVNI suelen encontrarse en el cruce de líneas ley. Se supone que las líneas ley son rutas invisibles de energía en línea recta que conectan lugares antiguos y místicos, como Stonehenge o antiguas iglesias construidas en lugares paganos.

Se dice que son portadoras de un intenso poder que nuestros antepasados conocían y por ello construyeron sus lugares sagrados en lugares concretos.

Algunos las llaman "pistas de platillos volantes", ya que los ufólogos creen que los ovnis utilizan las líneas como guía. Los fenómenos OVNI concentrados y las apariciones suelen tener lugar en los nodos, los puntos donde se cruzan las líneas. La granja del caso Broadhaven se encuentra en un nodo, al igual que la iglesia de Borley, de la que se sigue afirmando que se encuentra en el pueblo más embrujado del mundo.

Incluso sin tener en cuenta a los visitantes extraterrestres, las líneas ley siguen teniendo una gran importancia para la investigación psíquica, ya que desvelar los secretos de su intensa energía puede darnos las mejores pistas para desentrañar el misterio de los fantasmas y los aparecidos.

El campo de lo inexplicable es muy amplio y abarca muchas áreas complejas y alucinantes, pero el tema de los fantasmas ha desconcertado a la humanidad desde que pisó la Tierra.

Lo inexplicable tiene sus modas, pero los fantasmas y las apariciones han permanecido constantes. Es un tema que se ha negado en redondo a desaparecer.

Incluso en estos tiempos cínicos, en los que en un mundo lógico la ciencia ya lo habría explicado todo, un elevado porcentaje de la población mundial cree en los fantasmas.

Una gran cantidad de personas afirman haber tenido una experiencia sobrenatural de un tipo u otro, más del 80% en una encuesta reciente, desde los que han vivido realmente en una casa encantada hasta los que simplemente han tenido una experiencia que no pueden explicar.

Aunque nueve de cada diez casos tuvieran una explicación perfectamente racional, aún queda esa pequeña minoría que no se puede definir. Los fantasmas forman parte de todas las culturas de la Tierra. Ocupan un lugar especial en la psique humana.

Negar su existencia sería un acto de insensatez y una muestra de falta de tolerancia, comprensión y conocimiento.

Gran Bretaña

LA CASA ENCANTADA DE SAMUEL WESLEY

Diciembre de 1719/Enero de 1720

Rectoría de Epworth, Lincolnshire, Inglaterra

Los Wesley no lo tuvieron fácil aquí. La hija de Samuel, Hetty, describió el pueblo de Wroot como "un lugar carente de sabiduría, ingenio o gracia". Por su parte, los aldeanos no tenían muy buena opinión de los Wesley, y en 1709 quemaron la rectoría y mutilaron el ganado como protesta por las creencias del reverendo Wesley. La casa fue reconstruida.

. . .

El matrimonio del reverendo Wesley también estuvo sometido a constantes tensiones. En una ocasión dejó a su esposa porque ella no quiso rezar una oración por el rey Guillermo III. Su esposa dijo que no podía porque no creía que un príncipe de Orange debiera estar en el trono inglés. El reverendo Wesley, un poco mojigato en el mejor de los casos, se marchó de casa durante un año y regresó de muy mala gana.

No es de extrañar, con toda esta hostilidad en la casa, que la actividad poltergeist estallara el 1 de diciembre de 1719. Se oían gemidos en el comedor, un molino de mano giraba solo y se oían pisotones, como si alguien anduviera con botas.

Por la noche se oyeron pasos en las escaleras, así como el sonido de bailes y el traqueteo de los picaportes.

Con el tiempo, los golpes irrumpieron en el dormitorio del reverendo Wesley. Los ruidos comenzaban regularmente todas las noches a las 9.45. La señora Wesley pensó que los ruidos se debían a ratas y ordenó que sonara una bocina para ahuyentarlas. A partir de entonces, los ruidos fantasmales se escucharon también durante el día.

Los niños apodaron al fantasma "Viejo Jeffrey" y una de ellos, Emilia, pensó que era fruto de la brujería local.

· · ·

Curiosamente, Hetty Wesley fue el único miembro de la familia que durmió a pesar de las perturbaciones. El reverendo ordenó al espíritu que se enfrentara a él en su estudio, pero cuando intentó llegar a la habitación la puerta se cerró contra él.

Durante las sesiones de oración, si el reverendo Wesley ordenaba que se rezara por el Rey, el poltergeist golpeaba con rabia, mostrando tendencias antihanoverianas. No era algo raro en aquella época.

También se vieron conejos y tejones fantasmas en la casa. Todos instaron al reverendo a que se mudara, pero él dijo que no se dejaría echar por el diablo. De repente, a finales de enero, los fantasmas cesaron por completo.

EL FANTASMA DE COCK LANE

Noviembre 1759/1862

Cock Lane, Smithfield, Londres, Inglaterra

La casa de Richard Parsons fue infligida por el fantasma más famoso del siglo XVIII, un fantasma conocido bastante desafortunadamente en la época como "Fanny la arañadora".

Una noche, Fanny Lynes, que se alojaba en la casa, compartía habitación con Elizabeth, la hija de diez años de Richard. De repente, ambas oyeron ruidos de arañazos y golpes. Richard pensó que probablemente se trataba del zapatero que trabajaba en la casa de al lado, pero poco después Fanny contrajo la viruela y murió en una casa cercana el 2 de febrero de 1760. Estaba embarazada de seis meses. Los golpes en la casa de Richard Parson se hicieron más fuertes y parecían centrarse detrás de la cama de la joven Elizabeth. Richard llamó a un carpintero para que arrancara las paredes y buscara la causa de los golpes, pero no encontró nada.

Finalmente, Richard llamó al reverendo John Moore, vicario de la cercana iglesia de St Sepulchres. Moore se comunicó con el espíritu y dijo que era el fantasma de Fanny Lynes, que afirmaba haber sido envenenada por su concubino, William Kent. Richard estaba encantado con esta noticia, ya que no había amor perdido entre él y Kent.

Le había pedido dinero prestado a Kent en una ocasión, pero no había podido devolvérselo porque tenía un problema con la bebida que se tragaba todo lo que ganaba.

· · ·

Esperaba librarse de la deuda utilizando el estado civil de William y Fanny como base para el chantaje. Sin embargo, si la entidad era Fanny, esto no tenía en cuenta el hecho de que los raptos habían comenzado cuando ella aún vivía, y que un tabernero local, llamado Franzen, había visto una aparición en la zona en diciembre de 1759, dos meses antes de la muerte de Fanny.

Desesperado, Kent buscó también la ayuda del reverendo Moore y se celebró una sesión de espiritismo en el dormitorio de Elizabeth, pero para horror de Kent se repitió la misma historia difamatoria. "¡Eres un espíritu mentiroso!" se lamentó Kent.

Los efectos del hechizo empezaron a extenderse por todo Londres.

La gente incluso iba a escuchar junto a la tumba de Fanny, por si allí se producía algún golpe. Elizabeth se alojaba en casa de una amiga en Cow Lane cuando una cortina suelta empezó a girar sobre su varilla y al día siguiente Richard oyó ruidos susurrantes procedentes de la cama de su hija, a pesar de que estaba profundamente dormida y con la boca cerrada. Los ruidos se hicieron tan fuertes que su anfitrión les pidió que se marcharan.

. . .

No podían volver a casa, ya que aún estaba abarrotada de curiosos (Richard estaba encantado de cobrar una entrada a los visitantes para que pudieran entrar en la casa y ver el lugar de los extraños golpes), así que se fueron a alojar a casa de otro amigo en Covent Garden.

Un desesperado Kent le dijo a Elizabeth que si no conseguía que apareciera el fantasma esa noche su padre sería encarcelado. Presa del pánico, Elizabeth se llevó a la cama un pequeño trozo de madera y empezó a golpearlo. La tabla fue descubierta y todo el asunto fue denunciado como un fraude.

Parsons fue declarado culpable de intentar acusar ilegalmente a Kent de asesinato y fue condenado a dos años de prisión y tres condenas a la picota. Al reverendo Moore se le impuso una multa considerable por su participación en el "fraude".

Sin embargo, la opinión pública apoyó firmemente a Parsons y se inició una colecta para él. Sin embargo, el fantasma de Cock Lane se convirtió en sinónimo de fraude durante siglos. Sólo ahora podemos analizar el caso y, comparándolo con otros similares, darnos cuenta de que probablemente se trató de una actividad poltergeist genuina y que, como muchas otras, se vio enturbiada por la dudosa personalidad de las personas implicadas.

• • •

Sin duda, Elizabeth era el centro de la persecución, y existe la teoría de que podría haber estado enamorada de William Kent, y esto, combinado con el inicio de la pubertad y la conciencia sexual, provocó que los raptos comenzaran alrededor de su cama.

LA VISIÓN CATASTROFISTA DE LORD LYTTELTON

Noviembre de 1779

Mayfair, Londres, Inglaterra y Dartford, Kent, Inglaterra

El Dr. Samuel Johnson quedó bastante impresionado con este caso y lo describió como "extraordinario". Ciertamente lo era. El 24 de noviembre de 1779, Lord Lyttelton, de 35 años, acababa de regresar de Irlanda y se alojaba en su casa de Mayfair.

Aquella noche tenía la casa llena de invitados, entre ellos dos de sus amantes. Más tarde le despertó un batir de alas y, al descorrer las cortinas de su cama, se encontró con una figura alta vestida de blanco que le advirtió de que moriría en tres días.

· · ·

No es de extrañar que Lord Lyttelton se sorprendiera por ello y llamara a gritos a un criado, que lo encontró en un estado de agitación considerable. Al día siguiente por la noche ya se sentía mejor, dijo a sus invitados que no había nada de qué preocuparse y les invitó a pasar el fin de semana en su casa de campo, Pitt Place, en Surrey.

El domingo por la mañana se jactaba de que si sobrevivía a la noche habría vencido al fantasma. Esa noche se retiró a las once, aunque este dato es difícil de verificar, ya que algunos de sus invitados afirmaron haber manipulado el reloj para que se sintiera mejor. Poco después sufrió un ataque convulsivo y murió.

Poco después, Miles Andrews, amigo íntimo de Lyttelton y diputado por Bewdley, celebraba una fiesta en su casa de Dartford pero, al sentirse indispuesto, se acostó temprano. De repente, las cortinas de su cama se corrieron y apareció la figura de Lord Lyttelton en ropa de dormir.

"Todo ha terminado para mí, Andrews", dijo con voz deprimida antes de desaparecer. Qué razón tenía.

EL CAMPANERO DE BEALINGS

2 de febrero/27 de marzo de 1834

Great Bealings, Suffolk, Inglaterra

La casa georgiana del comandante Edward Moore se vio perturbada el 2 de febrero cuando todas las campanas de servicio sonaron de repente a la vez. Seguirían haciéndolo, de forma aleatoria, durante las semanas siguientes. El mayor Moore quedó fascinado por el fenómeno y escribió a los periódicos pidiendo ayuda sobre su misterioso campanero.

Las campanas solían sonar unas tres veces entre las dos y las cinco de la tarde. El mayor Moore las oyó él mismo varias veces, pero lo más común era que las oyeran los criados.

Una vez Moore estaba en la cocina cuando las campanas empezaron a sonar tan violentamente que pensó que se soltarían de sus amarras. Aquella noche las campanas volvieron a sonar mientras él y su hijo cenaban.

En otra ocasión, las campanas sonaron con tanta fuerza que una de ellas golpeó el techo. El fenómeno cesó tan repentinamente como había empezado, el 27 de marzo.

LA DAMA DE BLANCO

Julio de 1837

Blandford, Dorset, Inglaterra

Un día, Polly Allen, de tres años, entró corriendo en casa para decirle a su madre que había visto a una mujer alta vestida de blanco que bajaba por la colina frente a su casa.

Su madre pensó que estaba diciendo tonterías, ya que ninguna mujer vestiría de blanco en un día normal de trabajo. Poco después llegó el ministro local para informar a la madre de Polly de que su marido y otros dos hombres se habían ahogado mientras cortaban hierba en el río Stour.

Seis meses antes, el padre de Polly, John Allen, había vuelto a casa llorando del pub.

Se negó a decirle a su mujer lo que le pasaba, pero sin dar más detalles dijo que había visto algo que significaba que no le quedaba mucho tiempo en este mundo. Sufrió ataques de depresión desde aquella noche hasta el día en que se ahogó.

No hay mucha más información sobre la fantasmal Dama de Blanco del pueblo de Blandford. ¿Es la visión local de la fatalidad?

EL FANTASMA DEL ATLÁNTICO SUR

3 de enero de 1840

Bratton Clovelly, Devon, Inglaterra

La madre de la reverenda Sabine Baring-Gould estaba leyendo tranquilamente la Biblia cuando vio a su hermano Henry sentado cerca de ella, ¡pero Henry estaba sirviendo con la Armada en el Atlántico Sur en ese momento!

La señora Baring-Gould reconoció la figura como lo que era, una aparición en el momento de la muerte, y la anotó tranquilamente en la Biblia. Un mes después se enteró de que su hermano había muerto cerca de la isla Ascensión, en la fecha en que ella lo había visto.

EL BATERISTA DE CORTACHY

1844 y 1849

Castillo de Cortachy, Escocia

El origen del fantasmal tamborilero del castillo de Cortachy se remonta a la Edad Media, cuando un antepasado de los Ogilvy hizo empujar en un tambor a un mensajero de un cacique despreciado y lo arrojó por encima de las almenas.

Antes de morir, el mensajero juró perseguir a la familia para siempre. Durante cientos de años, la familia se vio acosada por tambores fantasmales que siempre parecían anticipar una muerte en la familia.

Durante las Navidades de 1844, la señorita Dalrymple, huésped del castillo, oyó un ruido de tambores bajo su ventana mientras se vestía para la cena. Se lo comentó más tarde a sus anfitriones, Lord y Lady Airlie, y quedó consternada al ver cómo se ponían pálidos y empezaban a murmurar sobre el tenebroso feto de la muerte. La señorita Dalrymple volvió a oír el tamborileo al día siguiente e interrumpió su visita.

Seis meses más tarde, Lady Airlie murió y dejó una nota en la que decía que sabía que el tamborileo era para ella. Los tambores volvieron a sonar el 19 de agosto de 1849, cuando un huésped de los Ogilvy los oyó mientras atravesaba los páramos en dirección al castillo.

Cuando llegó allí se enteró de que el 9º conde de Airlie estaba gravemente enfermo en Londres. Murió al día siguiente. Sin embargo, no se ha vuelto a oír al fantasmal tamborilero desde entonces. Tal vez sea mejor así.

EL DEMONIO DE BERKELEY SQUARE

Años 1870 y 1880

50 Berkeley Square, Londres, Inglaterra

En su apogeo fue apodada "La casa más encantada de Londres", aunque la mayor parte de la historia parece pertenecer al ámbito del folclore.

El número 50 se construyó originalmente para el primer ministro George Canning en el siglo XVIII, pero parece que los fantasmas se deben en gran parte a un propietario posterior, el Sr. Myers, que era un hombre bastante excéntrico y muy temido por los lugareños por su singularidad.

Se decía que el Sr. Myers había sido plantado por su prometida cuando era joven y que nunca lo había superado, una historia que atraería a los victorianos morbosamente románticos. En 1860 Myers compró la casa y se dice que vivía en una pequeña habitación en el garaje, donde sólo abría la puerta a su criado para comer.

La casa, descuidada, se fue deteriorando cada vez más y adquirió un aspecto siniestro a medida que sus ventanas se iban llenando de polvo negro y telarañas.

Curiosamente, los vecinos de la época informaron del extraño hecho de que las medianeras colindantes a la casa estaban "saturadas de horror eléctrico".

En 1873, Myers fue citado ante un tribunal por evasión de impuestos, pero no compareció y, sorprendentemente, el caso se archivó. Los funcionarios locales sabían que Myers era un excéntrico y creían que se debía a que vivía en una casa encantada.

Cuando Myers murió, a finales de la década de 1870, la casa ya tenía una considerable reputación de estar encantada, según la prensa local. Comenzaron a circular numerosas historias morbosas sobre antiguos habitantes que morían dementes por cosas que habían presenciado en la casa.

En la Nochebuena de 1887, dos marineros llegaron a Londres y buscaron alojamiento barato. Encontraron el 50 de Berkeley Square cerrado y vacío. Era ideal.

Acamparon en una habitación superior, donde oyeron pasos y vieron la aparición de una cosa informe.

· · ·

Uno escapó, pero el otro apareció muerto, empalado en la barandilla bajo la ventana.

Los vecinos también afirman haber oído ruidos extraños procedentes de la casa y haber visto libros arrojados a la calle. Desde 1939, la casa está alquilada a los hermanos Maggs, libreros anticuarios. No se han registrado fenómenos fantasmales.

Hoy en día, el número 50 de Berkely Square parece el epítome de la respetabilidad limpia, y nos cuesta ver de dónde sacaron sus ideas los victorianos.

EL POLTERGEIST DE DERRYGONNELLY

1877

Derrygonnelly, cerca de Enniskillen, Irlanda del Norte

En una casa de esta localidad se oían con frecuencia ruidos de golpes. El investigador psíquico Sir William Barrett intentó comunicarse con la entidad utilizando una técnica de golpes.

.   .   .

Esto fue bastante inútil a la hora de obtener información, ya que Sir William se limitó a preguntar al poltergeist cuántos dedos tenía extendidos mientras tenía la mano en el bolsillo y el poltergeist adivinó correctamente cada vez.

EL EMBRUJO DE LA ANTIGUA OFICINA DE CORREOS

1892/1936

The Old Post Office, Royston, Hertfordshire, Inglaterra

El sonido de alguien cortando leña atormentó a los trabajadores de correos durante un periodo considerable, lo que provocó que muchos trabajadores del turno de noche se negaran a realizar sus turnos. Una noche, el jefe de correos, John Freeman, oyó el ruido de cristales rompiéndose.

El repartidor nocturno confirmó el sonido, pero cuando investigaron por la mañana no encontraron ningún cristal roto. Freeman también oyó golpes en las puertas y pasos, y en una ocasión vio una llave que giraba sola en una cerradura.

. . .

Cuando la oficina de correos se convirtió en un centro comunitario en 1936, los obreros que renovaron el edificio vivieron casi exactamente las mismas experiencias que el Sr. Freeman.

EL SUPUESTO ENCANTAMIENTO DE LA CASA BALLECHIN

1897

Ballechin House, Perthshire, Escocia

Ada Goodrich-Freer, miembro de la Sociedad para la Investigación Psíquica, pero no una de sus investigadoras más fiables, investigó a fondo este suceso. Hay muchas pruebas que sugieren que la señorita Goodrich-Freer era una mentirosa compulsiva y una buscadora de atención.

Por ejemplo, un trabajo que escribió sobre la segunda vista resultó ser un plagio completo de otro escrito anteriormente por un sacerdote escocés. También la pillaron haciendo trampas en una sesión de table-rapping.

En otra ocasión investigó una casa encantada en Surrey.

· · ·

Dijo a los propietarios que el lugar no estaba embrujado en absoluto, pero informó a los miembros de la SPR de que había visto allí a un fantasma femenino encapuchado, aunque, para ser justos, puede que fuera consciente del riesgo de difamar la reputación de una propiedad, o simplemente ansiosa por no preocupar a los dueños de la casa.

Su trabajo sobre el presunto embrujo de Ballechin House sigue suscitando controversia incluso hoy en día. En 1897, la señorita Goodrich-Freer se enteró de que un antiguo propietario había embrujado la casa. Este excéntrico personaje quería que, al morir, su cadáver se diera de comer a sus perros para poder volver a la vida en sus cuerpos, pero, naturalmente, esta repugnante petición no se llevó a cabo, y el caballero, que había adquirido fuertes ideas sobre la reencarnación durante los muchos años que pasó en la India, se dijo que estaba muy molesto por ello.

La señorita Goodrich-Freer la había alquilado durante un mes, en apariencia para unas vacaciones de pesca. Una vez allí, afirmó oír golpes y pisadas fantasmales.

También dijo que un poltergeist le arrancó la ropa de cama y presenció el llanto de una monja fantasmal en una cañada cercana, después de que se le ordenara ir allí al anochecer durante una sesión de ouija.

. . .

Los huéspedes que vinieron a quedarse oyeron los golpes y los pasos, pero no experimentaron ninguno de los aspectos más sensacionales del encantamiento. Se dijo, de forma bastante irónica, que se había visto a un jorobado subiendo las escaleras, que se había oído a un cura hablar en su despacho y que se había avistado una ardilla negra fantasma.

Un huésped dijo haber visto una mano incorpórea agarrando un crucifijo a los pies de su cama, y la señorita Goodrich-Freer afirmó haber visto dos patas de perro incorpóreas en su mesilla de noche.

Regresó a Londres para escribir *The Alleged Haunting of Ballechin House*, pero se enfadó bastante al verse superada en su empeño por uno de sus invitados, J Callendar Ross, que escribió un artículo sarcástico sobre el encantamiento para *The Times*. Se produjo un airado intercambio de cartas en el periódico, que sin duda divirtió mucho a todos los demás.

El propietario tampoco estaba muy contento de que se expusiera su propiedad como una casa encantada, especialmente una dudosa. El Sr. Callendar Ross escribió sobre "la sospecha y la repugnancia que el contacto cercano con SPR tiende a excitar".

· · ·

Naturalmente, después de esto, la señorita Goodrich-Freer, que hasta entonces había sido la niña bonita de un par de los miembros masculinos más ancianos del SPR, se encontró ahora congelada por ellos.

EL POLTERGEIST DE BATTERSEA

Noviembre de 1927

8 Eland Road, Battersea, Londres, Inglaterra

La casa estaba ocupada por Henry Robinson, un inválido de 86 años, su hijo Frederick, de 27, sus tres hijas y su nieto Peter, de 14 años. Comenzó con una lluvia de objetos sobre el tejado del invernadero.

Cuando un policía acudió al lugar, fue golpeado en la cabeza con un trozo de carbón mientras se encontraba en el jardín trasero. En otra ocasión, la lavandera de los Robinson encontró el lavadero lleno de humo y cenizas al rojo vivo en el suelo. No tardó en avisar. Se destrozaron adornos, se volcaron muebles y se rompieron ventanas. Una cómoda de la habitación del anciano se volcó por sí sola y una periodista, Jane Cunningham, vio cómo trozos de carbón, monedas y sosa destrozaban por completo el tejado del invernadero.

El controvertido cazador de fantasmas Harry Price investigó, pero apenas vio nada importante. Poco después, Frederick sufrió una crisis nerviosa y tuvo que ser hospitalizado. Al mismo tiempo, varias sillas desfilaron en fila india por el pasillo.

El anciano fue trasladado al hospital y una de las hijas cayó enferma, por lo que la policía les aconsejó que abandonaran la casa durante un tiempo. Una médium visitó la casa vacía y empezó a temblar, pero no consiguió identificar ningún espíritu.

Frederick abandonó el hospital y dispuso que su familia viviera en otro lugar. Las apariciones cesaron. Pero en 1941 Frederick confirmó la sensacional declaración de Harry Price de que habían aparecido de la nada trozos de papel con escritura.

Uno decía: "Lo estoy pasando mal aquí. No puedo descansar. Nací durante el reinado de Guillermo el Conquistador". Estaba firmada por "Tom Blood". Parece poco probable que la casa estuviera embrujada por alguien de la época del Conquistador, pero los poltergeist son notorios mentirosos en el mejor de los casos.

Por cierto, justo al otro lado del muro del jardín, en la parte trasera de la casa, había un hospital psiquiátrico para ex militares perturbados. ¿Cuánto de su angustia mental habían recogido los Robinson sin darse cuenta? La mayoría de la familia sufrió algún tipo de trauma mental por el brote de poltergeist, pero afortunadamente sus problemas cesaron cuando abandonaron la casa para siempre.

LA CASA MÁS ENCANTADA DE INGLATERRA 1930/39

Borley Rectory, Essex, Inglaterra

Lo más asombroso del caso de la rectoría de Borley es cómo sigue fascinando, incluso después de todos estos años. Esto es después de que el embrujo ha sido hecho trizas, y prácticamente todos los involucrados en el caso han salido de él con sus reputaciones manchadas de una manera u otra.

No parece que tenga mucho sentido repasar la historia de un lugar que cualquiera que se interese mínimamente por lo sobrenatural debe conocer de memoria. Pero ahí va. Fue construido en 1863 por el reverendo Henry Dawson Ellis Bull para su enorme familia. Era una lúgubre monstruosidad victoriana con habitaciones oscuras, torrecillas feas y ladrillo rojo áspero. La leyenda local dice que se construyó sobre el emplazamiento de un antiguo monasterio, aunque nunca se ha encontrado ni una sola prueba de ello.

• • •

Al parecer, todo el misterio gira en torno a la aparición de una monja gris, vista por muchos testigos paseando por el jardín de la rectoría. La monja es uno de los aspectos más dudosos del caso. Mucho después de que se la desacreditara y se revelara que no era más que humo de hoguera o una columna de mosquitos, los avistamientos de la desdichada mujer han persistido.

Cuando Henry Bull murió, su hijo Harry asumió el rectorado. Harry era un hombre extraño. Es muy posible que fuera alcohólico, ya que después de su muerte se encontró la bodega de la rectoría llena de botellas de vino vacías, y también pasaba noches interminables sentado en la casa de verano queriendo echar un vistazo a la monja.

Era emocionalmente volátil, llegó a golpear a su hijastra porque no estaba de acuerdo con sus ideas religiosas y rompía a llorar si el coche no arrancaba. Muchos han tratado de afirmar que el embrujo era fuerte en la época de Harry. Pero no era así.

De vez en cuando se veía a la monja, pero, como acabo de decir, su existencia no tiene ningún fundamento. Harry también se distraía con interminables tañidos de campanas, cuando las campanas de servicio sonaban todas a la vez.

. . .

Pero muchos años después se encontró un cable conectado a las campanas de servicio colgando de la hiedra en la pared de la parte trasera de la casa. Harry era considerado "un poco tonto" en el pueblo, y sin duda los lugareños disfrutaron atormentándole con esta broma.

Tras su muerte, la rectoría permaneció vacía durante bastante tiempo. Esto contribuyó a su espeluznante reputación, aunque la falta de servicios como electricidad y agua corriente puede haber influido más en los clérigos que las vagas historias de apariciones fantasmales.

En 1929 se instalaron allí el reverendo Guy Eric Smith y su esposa Mabel. Los Smith sospechaban que los aldeanos intentaban echarlos. Llevaban años sin un rector en condiciones y no veían la necesidad de tenerlo ahora.

Más tarde se pensó que las luces que se veían en las habitaciones en desuso eran los reflejos de los trenes que pasaban, y que los pasos que se oían en la casa podían deberse a la extraña acústica de la rectoría. La casa estaba construida en forma de U alrededor del patio. Los pasos de cualquiera que caminara por el exterior podrían haberse amplificado en la casa.

Sin embargo, en ese momento, la Sra. Smith creía que la casa estaba encantada, y Harry Price fue llamado.

Borley Rectory iba a hacer y deshacer Price. Pasó más de diez años involucrado en el caso, pero su investigación fue destrozada por los escépticos y otros investigadores psíquicos, e incluso fue acusado, después de su muerte, de fingir todo el asunto.

Para ser justos con Price, sospecho que había cierta dosis de celos "profesionales".

Price consiguió dos best-sellers con el caso Borley y se hizo un nombre muy conocido.

Esto habría atascado la garganta de muchos otros en el negocio. Los Smiths se mudaron después de un corto tiempo, y los Foysters se mudaron.

Debe de haber habido pocas familias más extrañas que los Foyster. El reverendo Lionel Foyster, primo de Harry Bull, siempre ha salido indemne de cualquier evaluación de su carácter, generalmente descrito como un anciano santo.

En el sensacional libro de Robert Wood *La viuda de Borley*, se pinta un cuadro totalmente distinto, mostrando que Lionel era un voyeur, e incluso un posible pedófilo. Su esposa Marianne era mucho más joven que él.

. . .

Lionel la había bautizado cuando era niña, y por esa razón Lionel no creía que debieran tener ritos conyugales. En lugar de eso, trajeron a la rectoría a una variedad de hombres extraños para satisfacer las necesidades sexuales de Marianne. La propia Marianne era dada a los gestos dramáticos y a fantasear.

Como era de esperar, los escépticos se han cebado con su implicación en los fantasmas. Poco después de mudarse, se produjeron fenómenos poltergeist de una magnitud nunca vista en la rectoría. Objetos volaban por el aire, botellas se rompían, puertas se cerraban y las llaves desaparecían. Marianne recibió puñetazos de una fuerza invisible y se produjeron incendios al azar.

Se trata de una actividad poltergeist muy común. La configuración bastante excéntrica de la casa habría proporcionado un fondo fértil para la actividad poltergeist en la casa, ya que los detalles se asemejan mucho a otros brotes de este tipo en todo el mundo.

Desgraciadamente, ha sido desacreditada por otras ridículas historias de monjas grises fantasmas y del fantasma de Harry Bull, que regresó de la tumba con su testamento, que quería enmendar (se dice que esta historia fue perpetrada por sus hermanas, tres viejas rencorosas a las que molestaba que la viuda de Harry fuera su única beneficiaria).

· · ·

En el fondo, creo que el embrujo era auténtico, pero ha adquirido tantas capas que nadie quiere tomárselo en serio. Sin toda la romantización que se ha hecho sobre Borley a lo largo de varios años, simplemente tendríamos otro brote de poltergeist. La rectoría se incendió el 27 de febrero de 1939.

Al parecer, esto se había predicho en una sesión de espiritismo un par de años antes, y que una entidad que se hacía llamar "Sunex Amurex" sería la que encendería la llama.

Los detalles reales son mucho más prosaicos. Unos meses antes, el capitán H. Gregson compró la rectoría con la intención de sacar provecho de su reputación. Esta idea perdió su atractivo con bastante rapidez, por lo que incendió el lugar por el dinero del seguro. Gregson perdió el juicio.

Dado que la casa fue destruida de forma tan espectacular, los fantasmas se han prolongado a lo largo de los años. Se ha visto a la monja gris corriendo por la calle, merodeando por el patio de la iglesia y en su ronda por el jardín.

En ocasiones, la historia de Borley ha caído en el sensacionalismo. Incluso la quema de un gallinero en el pueblo se relacionó con los fantasmas.

· · ·

Pero, aparte de ser un auténtico brote de poltergeist, hay que reconocerle a Borley una cosa. Ha demostrado cómo la supuesta aparición de un fantasma en una rectoría remota y sombría puede mantener un firme control sobre la imaginación pública durante muchos años.

EL FANTASMA DEL ABUELO

Febrero de 1932

Wiltshire, Inglaterra

Una tarde, la Sra. Edwards y su hija Mary vieron cómo el abuelo Bull, padre de la Sra. Edward, se acercaba a su madre postrada en cama y le ponía la mano en la frente. El abuelo Bull llevaba muerto ocho meses.

Esto no era nada inusual, el espectro del abuelo Bull era visto a menudo por la mayoría de los miembros de la familia y parecía ser bastante sólido. La familia era numerosa y vivía en la miseria en una casa que no era apta para ser habitada por humanos.

Los escépticos creyeron la historia de la familia, ya que pensaban que sólo intentaban conseguir un alojamiento mejor, pero cuando la familia fue entrevistada por miembros de la Sociedad de Investigación Psíquica, se creyó que eran auténticos.

Y no es nada raro que los fantasmas se manifiesten en entornos míseros. Al fin y al cabo, la mayoría de los poltergeists prosperan en esas condiciones.

EL POLTERGEIST DE ALDBOROUGH

Noviembre de 1936

Aldborough Manor, North Yorkshire, Inglaterra

Este caso fue investigado por Nandor Fodor, investigador del Instituto Internacional de Investigaciones Psíquicas. Cuando llegó, las campanas de servicio llevaban cinco días sonando sin parar, las puertas se abrían y cerraban solas y dos criadas habían visto una aparición encima de una cuna.

Lady Lawson-Tancred, la propietaria, temía que los fantasmas acabarán por echarla de su propia casa. Sin embargo, cuando llegó Fodor, la aparición ya había cesado, de la manera exasperante que tienen los brotes de poltergeist de detenerse repentinamente sin motivo alguno.

Una de las criadas que había visto la aparición había sufrido un ataque de nervios y había abandonado la mansión.

La otra criada tenía una afinidad casi mística con los animales. Parecía actuar como un imán para ellos. Lady Lawson-Tancred creyó que la muchacha actuaba como catalizador del poltergeist y la despidió. Parece que funcionó, porque en cuanto se marchó, los fantasmas cesaron por completo.

EL POLTERGEIST DE RUNCORN

1952

1 Byron Street, Runcorn, Cheshire, Inglaterra

Era un hogar bastante atestado, hasta el punto de que John Glynn, de 16 años, tenía que compartir una cama doble con su abuelo, Samuel Jones. Los fantasmas comenzaron cuando se oyeron golpes en el tocador de su habitación, seguidos de cajones que se movían.

Durante una sesión de espiritismo organizada por el médium Philip France, dos Biblias fueron arrojadas por la habitación. Un par de semanas más tarde, un periodista del *Runcorn Guardian* fue testigo del lanzamiento de un reloj por el dormitorio.

También le pareció oír que movían el tocador, pero no había nada fuera de lugar.

Más periodistas acudieron al lugar de los hechos y vieron cómo se movía el tocador, se arrojaba una silla contra la pared, un reloj se caía al suelo y una alfombra se movía de un lado a otro de la habitación.

Un periodista fue golpeado en la cabeza por cuatro libros.

Una vecina, la Sra. E Dowd, no se creía que la entidad le tirara nada y enseguida fue golpeada en la cara con un pesado libro. También se movieron ropa de cama y almohadas. La actividad cesó a las seis de la mañana.

Varios sacerdotes fueron llamados a la casa, y uno, el Rev. Stevens, también fue golpeado con un libro, y vio una caja pesada voltearse. El Rev. pidió al poltergeist que golpeara tres veces en respuesta. John Glynn estaba sentado en una silla en medio de la habitación y sujetado por los sacerdotes, pero el tocador y un cofre con mantas seguían moviéndose.

• • •

John Glynn fue acostado y el reverendo Stevens vio cómo un rompecabezas que había estado en el tocador volaba por la habitación. En otra ocasión, los agentes de policía vieron muebles que se movían y libros que volaban por los aires.

Los intentos de fotografiar el fenómeno fracasaron, ya que el poltergeist parecía rehuir las cámaras y se negaba a actuar. Por si todo esto fuera poco, estalló una pequeña guerra entre los demás periódicos locales, celosos del monopolio que el *Runcorn Guardian* tenía sobre el caso. El *Runcorn Weekly News* acusó a Samuel Jones de cometer fraude y, aunque Jones les invitó a su casa, no se produjo ninguna actuación del poltergeist.

Todo el fenómeno cesó al cabo de tres meses llenos de acontecimientos. Durante este tiempo Jones había estado trabajando a tiempo parcial en una granja local. A lo largo del embrujo, los 53 cerdos a su cargo murieron inexplicablemente. El granjero y su esposa también vieron una misteriosa nube negra flotando alrededor del corral, y cajones que se movían dentro de la casa.

El granjero visitó la casa de Byron Street y vio la nube negra colgando sobre la cama de Jones. Durante esta visita también le tiraron varias veces el abrigo por la cabeza. La esposa del granjero vio una vez a Jones salir de la granja y a la nube negra seguirle.

· · ·

Sea cual fuere la causa del caso, creo que es seguro que el embrujo se activó por el hacinamiento crónico en la casa de Byron Street.

EL POLTERGEIST DE WHITECHAPEL

1952

88 Newark Street, Whitechapel, Londres, Inglaterra

El hijo de siete años de Harry Conway estaba aterrorizado por unos dedos helados que le agarraban la ropa de cama por la noche. Llegó a ser tan aterrador que el pequeño se convirtió en un manojo de nervios, y la familia decidió mudarse.

La familia también había tenido problemas cuando la puerta de la habitación de su hijo se encontró cerrada sin motivo, y una tía que vino a quedarse también sintió la sensación de que alguien tiraba de su ropa de cama. En junio de 1954, Harry y Brenda Cox se mudaron a la propiedad para montar un pequeño negocio de costura y otra pareja llamada Alec y Vera Bessell, empleados de los Cox, se instalaron en la planta baja. Muy pronto se oyeron pasos procedentes del piso superior.

Los Cox también oyeron pasos en la puerta de su habitación, pero no había nadie.

Una noche, mientras los Cox estaban fuera, los Bessell oyeron ruidos de barridos procedentes de su habitación.

Una madrugada, los Cox sintieron que les apartaban la ropa de la cama. Harry Cox admitió que se le pusieron los pelos de punta.

Una noche, todos oyeron pasos pesados y acompasados bajando las escaleras de la entrada, pero no había nadie. Las puertas que deberían estar cerradas no lo estaban, y viceversa. Un huésped, Michael Winter, llegó para quedarse y durmió en el salón. Se despertó por la noche y vio varias perchas que habían estado sobre raíles volando por la habitación. Brenda y Vera vieron jarras y vasos que se movían en la cocina.

Cuando los padres de Harry Cox le visitaron, el anciano oyó un sonido "como el de un gato dolorido" que procedía de un armario con cristalera, pero no había nada allí que lo explicara. Una médium dijo que el fantasma de un anciano con una pata de palo era el causante de los fantasmas. Con el tiempo, la actividad poltergeist desapareció.

· · ·

En la actualidad, el edificio está abandonado.

EL POLTERGEIST DE STOW-ON-THE-WOLD

1963/64

Chapen Street, Stow-on-the-Wold, Gloucestershire, Inglaterra

Un espíritu apodado "George" (apodo típico de los fantasmas) rondaba por una casa adosada. George" empezó de forma violenta, pero se transformó en un alma alegre que cantaba y bromeaba con frecuencia. El primer truco de "George" había sido provocar la formación de charcos de agua en varias habitaciones.

Tres fontaneros, el jefe de la junta del agua y un inspector sanitario no lograron descubrir la causa de este fastidioso suceso. Se produjeron golpecitos, se movieron muebles, el hijo de la casa, David Pethrick, de 14 años, fue volcado de la cama, se rasgaron las sábanas, se metió una bata debajo del colchón, se oyeron ruidos de arañazos procedentes de la cama de David y el cabecero de la cama estaba lleno de cicatrices.

. . .

Aparecieron escritos en las paredes, el papel pintado fue arrancado en partes y la señora Nancy Pethrick vio aparecer una mano en el extremo de la cama de su hijo, que empezó siendo del tamaño de un bebé y creció hasta el de un hombre. David era en gran medida el epicentro de las actividades de "George", y su voz se oía siempre en las proximidades de David. George" decía ser uno de los constructores de la casa y había muerto 20 años antes, el 15 de febrero.

Los fantasmas habían comenzado en esa fecha. Cuando la familia se fue de vacaciones, "George" les acompañó y, durante una visita a una iglesia, hizo que las paredes resonaran con ruidos de golpes. Al igual que muchos otros brotes de poltergeist, éste ha suscitado controversia, y hay muchos indicios de que, al igual que Topsy en La *cabaña del tío Tom,* esta historia creció y creció.

EL POLTERGEIST DE FARINGDON

1963/64

Oriel Cottage, Wicklesham Road, Faringdon, Oxfordshire, Inglaterra

En Oriel Cottage vivían el Sr. y la Sra. Wheeler, su hijo de 19 años y sus tres hijas de 15, 10 y 5 años.

En el transcurso de los sucesos se produjeron colgaduras inexplicables, estruendos, ráfagas de aire frío y se avistaron "sombras extrañas".

En una ocasión, 21 personas acamparon en la casa para ver al fantasma, y todos dijeron sentir una corriente de aire frío alrededor de los pies y ver una "forma misteriosa". Durante quince días, en el momento álgido de los fantasmas, las niñas se negaban a dormir en el piso de arriba y pasaban la noche acurrucadas alrededor de la chimenea. Lo que resultaba especialmente molesto era que los Wheeler habían vivido en la casa durante 18 años sin ser molestados, antes del brote de poltergeist.

Cuando la Sra. Wheeler estuvo a punto de sufrir una crisis nerviosa a causa de los acontecimientos, su marido arrancó las tablas del suelo para intentar encontrar una solución a todo aquello, y se llamó a arquitectos para que comprobaran si había fallos en la estructura, pero no se llegó a ninguna conclusión. Al final, se recurrió a una médium, que afirmó que la causa de los fantasmas era un antiguo habitante de la casa, que se había suicidado allí.

El canónigo Christopher Harman realizó un exorcismo que pareció acabar con el fantasma, aunque es un misterio por qué tardó 18 años en hacer acto de presencia, a menos que se tenga en cuenta que uno de los niños de la casa estaba siendo utilizado como su catalizador.

EL POLTERGEIST DE PONTEFRACT

1 de septiembre de 1966/1969

East Drive, Pontefract, Yorkshire, Inglaterra

Uno de esos numerosos brotes de poltergeist de casas consistoriales de ahora, pero éste es un auténtico aristócrata.

El agua aparecía inexplicablemente en el suelo, los objetos se movían e incluso se avistó un espectro encapuchado. La familia Pritchard apodó al fantasma "Fred" y "Mr Nobody".

Fred" registró una asombrosa lista de fenómenos poltergeist que deja en ridículo a los fantasmas de Enfield y Borley Rectory. Aparte de los fenómenos ya mencionados, se oyeron fuertes ruidos respiratorios, así como tambores y golpes. La hija adolescente del Sr. y la Sra. Pritchard, Diane, fue arrastrada escaleras arriba, con marcas en la garganta como resultado.

Se encontraron huellas en el interior de la casa. Las llaves de la casa volaron por la chimenea.

· · ·

Se encontró un abrigo de mohair blanco escondido en un montón de carbón, pero cuando se recuperó el abrigo estaba completamente limpio (este encantamiento suena sospechosamente a otro cuento de Topsy en algunas partes). Se dibujaron cruces invertidas en una pared. En las puertas y escaleras había mermelada.

A una testigo escéptica, la tía Maude, la entidad le vertió una jarra de leche en la cabeza. La entidad también realizó un extraño juego con los guantes de piel de la tía Maude, de los que se decía que bailaban cuando cantaba ¡Adelante soldados cristianos! Cuando se intentó grabar los ruidos del fantasma, se desenchufó la grabadora.

Tiraron un reloj de la abuela por las escaleras y arrancaron las sábanas de la cama mientras su ocupante aún estaba en ella. Se detectó un fuerte olor a perfume.

Especialmente inquietante fue la ocasión en que se encontró acuchillada una fotografía de los Pritchard.

Se cree que el espectro encapuchado visto en la casa era un monje, ahorcado por violación en tiempos de los Tudor. Se calcula que en tiempos de Enrique VIII había una horca cerca de donde ahora está la casa.

. . .

La actividad terminó cuando la familia colgó dientes de ajo alrededor de la casa.

Colin Wilson, un prolífico escritor sobre lo paranormal, investigó y llegó a la conclusión de que Philip, el hijo de 15 años, era el catalizador del poltergeist.

La casa se convirtió en una especie de atracción turística de la zona, y los conductores de autobús la señalaban a los pasajeros e incluso paraban para que pudieran verla. Las personas que vigilaban la casa por la noche observaban un extraño resplandor a su alrededor. La ciudad de Pontefract debió de parecer muy aburrida tras el fin de los fantasmas en 1969.

EL POLTERGEIST DE ENFIELD

31 de agosto de 1977/septiembre de 1978

Enfield, Londres, Inglaterra

Se trató de un brote de poltergeist que atrajo considerable atención de la prensa mundial de la época.

· · ·

Una casa de protección oficial se sumió en el caos con el lanzamiento de piedras, el violento retorcimiento de la ropa de cama, el desplazamiento de muebles, el desprendimiento de tuberías de cemento de la pared e incluso el levantamiento de los niños por una fuerza invisible. Se tiraron de la cadena de los retretes, fallaron los aparatos electrónicos, los libros volaron de las estanterías y se oyeron pasos. Se vio la aparición de una anciana de pelo gris, un anciano y un niño.

El epicentro de la actividad parecía ser Janet Harper, de 12 años de edad, que experimentaba la menstruación por primera vez al comienzo de la aparición. (Janet Harper no era su nombre real, sino un seudónimo que le dio Guy Lyon Playfair, quien investigó y escribió sobre el caso en su libro *This House is Haunted*). El 31 de agosto de 1977, después de que los niños se acostaran, sus camas se movieron violentamente, aunque su madre no estaba segura de si se lo estaban inventando todo.

Janet, que a menudo se movía mientras dormía, fue arrastrada una vez escaleras abajo y en otra ocasión la encontraron durmiendo encima de una gran radio. A menudo tenía la sensación de que la asfixiaban y se oía salir de su boca un lenguaje obsceno y ofensivo. Se fotografió un sofá volando por la habitación.

. . .

Dos reporteros *del Daily Mirror* se mantuvieron vigilantes y observaron que habían arrojado una silla por una habitación vacía mientras ellos estaban delante de la puerta. A menudo, una fuerza invisible hacía girar violentamente a Janet, que, sin embargo, permanecía sonriente durante todo el caos. Esta actitud ha dado lugar a especulaciones sobre su implicación en el suceso.

No sólo los fantasmas la habían convertido en el centro de atención, sino que la familia recibía la visita de Matthew Manning, un vidente extravagante, y es posible que Janet quedara impresionada por la cantidad de atención y alboroto que recibía allá donde iba y decidiera emular su ejemplo.

La implicación del investigador psíquico Maurice Grosse en el caso también podría parecer ligeramente dudosa bajo algunas luces, ya que parecía creer que el poltergeist era su hija fallecida intentando atraer su atención. El de Enfield es uno de los ataques de poltergeist mejor documentados de la historia, y sin embargo dista mucho de ser concluyente.

Cuando los investigadores de SPR Anita Gregory y John Beloff visitaron la casa, el embrujo llevaba varios meses produciéndose, pero ambos declararon que no habían visto más que engaños. Muchas veces, informó Gregory, Janet producía fuertes ruidos desde su habitación y se la encontraba sentada en el suelo.

No ayudaba el hecho de que la chica prohibiera a todo el mundo entrar en su habitación. Una cámara de vídeo oculta en una habitación del piso de arriba grabó a Janet intentando doblar cucharas y barras de metal, y saltando en la cama.

A pesar de todo, hay que tener en cuenta que se registraron más de 1.500 sucesos paranormales, lo que hace francamente inverosímil que Janet pudiera haber fingido cada uno de ellos. Lo que sí parece probable es que la actividad poltergeist fuera auténtica al principio, pero que se convirtiera en un engaño cuando una niña tonta llamó la atención más de lo conveniente. El fenómeno fue presenciado por investigadores, la policía, miembros de los medios de comunicación y la propia familia.

Algunas de las apariciones también se grabaron en vídeo y cinta magnetofónica (una grabación del caos causado por el poltergeist concluye con un miembro de la familia ofreciéndose cansinamente a preparar una taza de té, ¡qué inglés!), y una de las levitaciones de Janet quedó registrada para la posteridad en una serie de fotografías.

Cualesquiera que sean las controversias del caso y que rodeen a las personas implicadas, debe seguir siendo respetado.

. . .

EL FANTASMA DEL ORDENADOR

Noviembre de 1984

Doddleston, Cheshire, Inglaterra

Se dice que un fantasma utilizó por primera vez un ordenador en una casa de campo.

Ken Webster estaba renovando la casa cuando empezaron a aparecer poemas en su ordenador. Los poemas estaban escritos en una especie de Merrie Olde England, y el escritor acusó a Webster de robarle la casa. Al parecer, el fantasma era un hombre del siglo XVI. Bizarro.

EL EMBRUJO DE LA CABEZA DE TORO

1985

Bull's Head, Swinton, Gran Manchester, Inglaterra

En enero de 1985, Richard y Pamela Flammerty se hicieron cargo del pub Bull's Head.

Al mes siguiente, Pamela estaba llevando las cuentas en la oficina situada junto al sótano cuando oyó un ruido a su espalda. Al darse la vuelta, vio un taburete que se movía solo por el suelo. Una tarde, cuando el bar estaba cerrado, su hijo subió corriendo las escaleras para decir que había visto a un hombre con un jersey azul en el bar vacío, pero que no había nadie.

En otra ocasión, cuando Pamela y Richard caminaban por el pasillo de arriba una noche, todas las bombillas se apagaron una a una. Esa noche cerraron con llave la puerta de su dormitorio y por la mañana se encontraron con que todas las luces del edificio estaban encendidas.

La noche siguiente se oyeron pasos, como si alguien caminara sobre un suelo de piedra y no sobre las tablas de madera existentes. El domingo de Pascua, un amigo de la familia y el padrastro de Pamela decidieron pasar la noche en vela en el sótano. Esa misma noche, Pamela y Richard se inquietaron al oír gritos procedentes de la cámara acorazada.

El amigo estaba haciendo ruido y el padrastro yacía inconsciente al pie de la escalera. La pareja explicó que la luz se había apagado de repente y cuando el padrastro corrió hacia la escalera alguien le agarró por el hombro, haciéndole tropezar con un barril de cerveza. El teléfono también fue manipulado y se encontró descolgado.

La familia abandonó el pub y, al parecer, los fantasmas han continuado, pero de forma más benigna.

En 1987, una camarera afirmó haber visto una figura, parecida a un monje, en las escaleras. También se ha visto una figura monacal encapuchada en el sótano y el perro de la actual propietaria se niega a bajar.

LA CABEZA DEL JABALÍ

Mayo de 1993

Gales

Este embrujo es un buen caso para ilustrar cómo trabajan algunos exorcistas modernos no cristianos. El propietario, Kevin Biddulph, informó de que se habían producido extraños sucesos en sus instalaciones. Las puertas interiores se habían abierto por sí solas, recortes de periódicos y una rebeca negra habían desaparecido y regresado unas semanas después, y una camarera vio la aparición de una mujer con un vestido negro. Una médium clarividente, Barbara Allen, visitó el pub con su ayudante Alan Johnson, y un reportero de un periódico local.

.   .   .

Barbara vino equipada con su kit de exorcista, como varitas de incienso, velas, péndulos y amatista, que, al parecer, según Barbara, es el único cristal capaz de enviar a un espíritu. Empezó a trabajar en el dormitorio del hijo de 13 años del casero, que se sentía incómodo en la habitación y a menudo se encontraba allí al perro del pub ladrando a la pared. Bárbara recitaba en hebreo "Vete enamorado, vuelve de donde viniste" (lo que plantea la cuestión de si el fantasma va a entenderte).

Los péndulos, que se habían colocado en varios lugares del piso de abajo para detectar energía, empezaron a oscilar vigorosamente. Barbara entró en trance y habló de una legión positiva de fantasmas, entre ellos una chica embarazada de alrededor de 1700, un hombre llamado William que había sido golpeado hasta la muerte en 1642, un propietario de hace unos años y una chica que se había escondido de un matrimonio odiado.

Bárbara adoptó la voz de la niña y rabió porque no iba a hacer nada. Alan Johnson indicó al espíritu de la niña que caminara más allá de las velas hacia una luz brillante, cosa que parece haber hecho. El hijo del propietario informa ahora de que su dormitorio ya no le produce inquietud y que el embrujo ya no está activo.

2

Europa

EL PRIMER POLTERGEIST

858 A.C.

cerca de Bingen, Alemania

Se trata del primer brote de poltergeist del que se tiene constancia. Según los Annates Fuldenses, un granjero y su familia tenían un poltergeist que arrojaba piedras, golpeaba las paredes, provocaba incendios, quemaba las cosechas y acusaba con voz censuradora a la hija del granjero de tener una aventura con el capataz de la granja. El granjero era perseguido por el poltergeist allá donde iba, hasta que al final nadie dejaba entrar al pobre hombre en ninguna de sus casas.

· · ·

LA VIRGEN MARÍA EN LOURDES

1858

Lourdes, Francia

La historia de Bernadette de Lourdes es sobrecogedora si se es un católico devoto, o insoportablemente cursi si no se tienen fuertes tendencias religiosas. Pero es innegable que la leyenda de Bernadette y sus visiones sigue tan vigente como hace más de 100 años. Lourdes es hoy una meca para ancianos y enfermos de todo el mundo, y a menudo se considera el último recurso de los enfermos crónicos, que cifran su última esperanza en un viaje a la ciudad natal de una campesina del siglo XIX.

Bernadette Soubirous nació en Lourdes en 1844. Su padre era molinero y perdió su trabajo cuando un accidente le dejó ciego de un ojo. La familia fue expulsada de su casa de campo y tuvo que mudarse a una choza plagada de alimañas. Bernadette siempre había sido una niña enfermiza y su espantosa vida familiar no ayudó en nada a su asma.

Durante un tiempo la enviaron a vivir con unos parientes a un pueblo de montaña para que intentara recuperar la salud. A los 14 años regresa a Lourdes y se matricula en una escuela gratuita de las Hermanas de la Caridad.

El día que cambió el curso de su vida amaneció inocentemente. Era un frío febrero de 1858 y Bernadette había sido enviada a recoger leña. En una gruta, junto a un arroyo, tuvo una visión de la Virgen María. Bernadette, aterrorizada, se quedó clavada en el sitio y sacó el rosario del bolsillo para consolarse. La visión le hizo señas, pero Bernadette estaba demasiado asustada para moverse y la visión desapareció.

Bernadette volvió a casa aturdida. Cuando le contó lo sucedido a su madre, la anciana entró en pánico y, pensando que la niña estaba empezando a alucinar, le propinó una paliza de muerte. El domingo siguiente, Bernadette regresó tímidamente a la gruta y volvió a ver la visión. Más tarde la tuvieron que llevar a casa en trance.

La visión se le apareció a Bernadette por tercera vez y le dijo que fuera a la gruta todos los días durante 15 días, diciéndole: "No te prometo hacerte feliz en este mundo, sino en el otro".

Los lugareños se enteraron de la historia y empezaron a correr la voz de que el manantial de la gruta podía curar todos los males.

Mientras tanto, Bernadette fue examinada a fondo por todos los dignatarios locales, que la declararon completamente sana. Llegar a la gruta se convierte en un problema, ya que el lugar está abarrotado de gente desesperada por ver la visión, y hay que llevar a Bernadette escoltada por la policía. Se insta al párroco a que construya una capilla en la gruta, pero éste se niega a hacerlo porque no ha recibido personalmente una señal milagrosa.

El 25 de marzo, fiesta de la Anunciación, la visión le dijo a Bernadette que ella, la visión, era la Inmaculada Concepción. Bernadette se obsesionó con la gruta. Pasaba horas en trance. En una ocasión, dejó correr la vela y la cera caliente le quemó las manos. Cuando se las examinaron, las manos estaban completamente intactas.

Bernadette se había convertido en una celebridad en su ciudad natal, pero todo era demasiado para la frágil y tímida campesina. En 1866 preguntó si podía ingresar en la Orden de las Hermanas de Nevers. Las Hermanas la acogieron y Bernadette permaneció con ellas el resto de su corta vida. Desde entonces, se mostró extrañamente reacia a hablar de sus visiones, actitud que mantuvo hasta su muerte, en 1879, a los 35 años. Fue canonizada en 1933. Bernadette era una adolescente con mala salud cuando tuvo las visiones. Su vida era dura, vivía en la miseria con unos padres que veían en la correa la única respuesta a los problemas de sus hijos.

·   ·   ·

La religión le había sido inculcada sin cesar desde muy pequeña y, como la mayoría de los campesinos franceses, veía el catolicismo con un temor supersticioso. No me cabe duda de que Bernadette creía haber visto a la Virgen María, pues no era una mentirosa. Pero, sin duda, en el fondo de su piadoso corazoncito esperaba una señal, alguien que viniera a resolver los problemas de su familia. La visión de la Virgen María era una alucinación de sus ardientes y profundos anhelos.

La gruta se convirtió en una especie de santuario para Bernadette, un lugar de paz donde la persona que veía allí le sonreía y le aseguraba que en otro lugar habría un lugar mejor. Cuando la gruta se llenó de turistas, incluso eso le fue negado.

EL POLTERGEIST DE STAUS

1860

Staus, cerca del lago de Lucerna, Suiza

El abogado Melchior Joller vivía de forma bastante cómoda con su esposa Caroline, y sus cuatro hijos y tres hijas.

· · ·

También podían emplear a varias criadas. En el otoño de 1860, una de las sirvientas afirmó que la habían molestado unos golpes en el somier de su cama, y creyó que era un presagio de su propia muerte. Poco después, la señora Joller y una de las hijas oyeron los golpes en otro dormitorio.

Pasaron varios meses y en junio de 1861 encontraron a su hijo Oscar inconsciente en el almacén de madera. Dijo que había oído golpes procedentes del interior, pero que cuando había entrado una "forma blanquecina e informe" corrió hacia él. También se oían sollozos en la habitación por la noche. Una criada empezó a oír pasos en las escaleras y que la llamaban por su nombre. El Sr. Joller pensó que era demasiado supersticiosa y la despidió.

Fue sustituida por una niña de 13 años, lo que obviamente no fue una decisión acertada cuando ya se estaba produciendo un encantamiento. El 15 de agosto de 1862, mientras el señor y la señora Joller se encontraban en Lucerna, los niños y las criadas oyeron golpes en el pasillo. Se asustaron tanto que salieron corriendo. Se sentaron en los escalones de piedra del porche y un guijarro del tamaño de un puño cayó entre dos de los niños.

A la hora de comer volvieron a la casa y encontraron todas las puertas de los armarios abiertas. Las cerraron con pestillo, pero volvieron a abrirse.

· · ·

Volvieron a oírse fuertes pisadas en la escalera. La nueva sirvienta vio una figura blanca en la cocina, y esta vez todos huyeron al granero y se refugiaron con unos jornaleros.

Al anochecer, cuando regresaron a la casa, la criada vio un objeto del que brotaban pequeñas llamas azules que bajaban por la chimenea. El fuego que provocó se apagó con agua. También se oyó en la casa el sonido de una rueca. Joller, que hasta entonces se había mostrado obstinadamente escéptico, oyó ruidos de golpes el 19 de agosto y los anotó en su diario.

Al día siguiente vio que la puerta de la cocina se inclinaba hacia dentro. Cuando la abrió, vio una misteriosa forma oscura y, a partir de entonces, el poltergeist se exaltó.

Las puertas se cerraban de golpe, las botellas y los vasos se golpeaban, como con un pesado utensilio, y se oían fuertes ruidos por toda la casa. Cuando Joller fue tocado en uno de los dormitorios se agarró a lo que fuera, y sintió una pequeña mano infantil. En septiembre, una manzana rebotó por toda la casa, pero cuando un criado la arrojó al patio, volvió a rebotar.

El 6 de octubre se avistó la aparición de una mujer de aspecto triste con la cabeza inclinada.

· · ·

Ese mismo mes, la familia huyó a Zúrich y las apariciones cesaron. El siguiente inquilino negó la existencia de incidentes paranormales en la casa, lo que llevó a mucha gente a ridiculizar las experiencias de los Joller. Joller murió en 1865, convertido en una sombra de sí mismo. Despreciado por sus amigos, acabó sin dinero en Roma. Poco después de llegar a Zúrich murmuró "ahora lo entiendo", pero nadie ha conseguido averiguar qué quería decir con ese comentario.

EL PETIT TRIANON TIME-SLIP

10 de agosto de 1901

El Petit Trianon, Versalles, cerca de París, Francia

El lapsus temporal más famoso de todos, aunque salpicado de polémica. Dos solteronas de mediana edad y directoras de un colegio de Oxford, Charlotte Moberly y Eleanor Jourdain, visitaron el Palacio de Versalles y afirmaron haber retrocedido al siglo XVIII. Aunque era un día agradable, las dos señoras se sintieron deprimidas sin motivo justificable.

Dijeron que todo tenía un aire onírico y que el paisaje parecía plano, como bidimensional. También había una notable ausencia de ruido.

· · ·

Vieron a dos jardineros con sombreros de tricornio pasados de moda, y en el Temple de l'Amour afirmaron ver a un hombre de "aspecto repulsivo" que les indicó el Petit Trianon. Detrás del edificio vieron a una atractiva dama sentada en el césped bajo la terraza. Llevaba un vestido veraniego del siglo XVIII con un fichu verde.

Eleanor no vio a la mujer, pero ambas vieron a un hombre sonriente salir por la parte trasera de la casa y le oyeron dar un portazo tras de sí. Hablaron de la tarde de ensueño que habían pasado en el hotel y Charlotte bromeó diciendo que tal vez había visto a María Antonieta.

No es de extrañar que la posibilidad de que el Trianon estuviera encantado siguiera intrigándoles. El 2 de enero de 1902, la señorita Jourdain volvió a la zona. Esta vez visitó el Hameau, la granja que la reina de Francia había creado para que ella pudiera jugar a ser lechera. Dijo que sintió "la vieja sensación espeluznante... Era como si hubiera cruzado una línea". Vio a dos peones con capuchas puntiagudas cargando un carro, oyó el susurro de vestidos de seda y a mujeres hablando. También se oía el sonido lejano de la música. Cuando volvió a visitar el Petit Trianon con su amiga en 1904, ambas descubrieron que el trozo de césped donde Charlotte había visto a la atractiva mujer era ahora un arbusto de rododendros de muchos años. Las dos damas escribieron sobre sus extrañas experiencias y se publicó con el entrañable título de Una aventura en 1911.

· · ·

Poco después tuvieron noticias de una pareja que vivía en una casa con vistas al parque de Versalles. Dijeron que habían tenido experiencias similares tantas veces que ya no les hacían caso. Un matrimonio inglés, los Crookes, informaron de que en julio de 1908 también habían visto a la señora sentada en la hierba. Estaba dibujando algo. Cuando John Crooke trató de ver mejor lo que estaba dibujando, ella apartó el papel con un gesto de fastidio. Ellos también oyeron una débil música y sintieron una curiosa vibración en el aire. Sin embargo, no todo el mundo era tan comprensivo. J. E. Sturge-Whiting, miembro de la Sociedad de Investigación Psíquica, desmenuzó su historia y dijo que probablemente habían presenciado una fiesta de disfraces.

Efectivamente, se celebró una gran fiesta de disfraces en Versalles, pero en 1894, siete años antes de las experiencias de las dos damas. A lo largo de los años, muchas personas han afirmado haber visto fantasmas en el Trianón, y los habitantes de Versalles han recreado su vida cotidiana del siglo XVIII, antes de que el mundo se derrumbara bajo sus pies. Dos inglesas visitaron el lugar en 1928. No habían leído "Una aventura", pero dijeron ver a un hombre con un anticuado traje de librea verde.

Le preguntaron cómo llegar, pero se marcharon rápidamente porque les pareció que había algo hostil en él.

. . .

Más tarde se descubrió que los jardineros reales de la década de 1770 llevaban librea verde. Cuando las mujeres miraron hacia atrás, el hombre había desaparecido. Todos los testigos afirman haber visto a personas vestidas de época, y muchos han experimentado una depresión inexplicable durante su estancia en la zona.

Muchos han llegado a la conclusión de que todos los testigos pueden haber visto una repetición del día en que la turba asaltó el Palacio de Versalles. Justo antes de su llegada, María Antonieta había estado en el Trianon y había tenido que volver corriendo a los fuertes muros del palacio por su propia seguridad. Un acontecimiento tan dramático pudo imprimirse en el lugar. No es de extrañar que la zona de Versalles esté encantada, teniendo en cuenta los acontecimientos que allí tuvieron lugar. El palacio, que tanto se había promocionado como epítome de la grandeza y la belleza, me pareció lúgubre y deprimente. Las habitaciones estaban descuidadas y el famoso Salón de los Espejos necesitaba una buena limpieza.

Todo el lugar tenía una atmósfera solemne y pesada, a pesar de estar abarrotado de turistas. Es posible que el ambiente de miseria que impregna el palacio no se deba enteramente a la falta de mantenimiento del mismo. El profesor Joad, un entusiasta investigador psíquico que a veces también ha tenido su buena dosis de controversia, llegó a la conclusión de que las dos damas habían experimentado una especie de deslizamiento en el tiempo, y lo describió como "la existencia actual del pasado", en el sentido de que el pasado sigue estando aquí y entre nosotros. El profesor Joad admitió que esta teoría estaba "plagada de dificultades de carácter metafísico". En efecto. Pero si pudiéramos comprender plenamente esta teoría, podríamos explicar completamente los fantasmas.

ELEANORE ZUGRUN

Febrero de 1925/1927

Buhai, Rumanía

Un día, de camino a visitar a su abuela, Eleanore Zugrun, una campesina de 13 años, encontró dinero tirado al borde del camino y compró unos caramelos con él. Su abuela, una señora de 105 años con fama de bruja, le dijo que el dinero lo había puesto allí el diablo y que ahora estaba en su poder.

Naturalmente, tal anuncio afectó profundamente a la joven Eleanore. Al día siguiente fue bombardeada con una lluvia de piedras, y se movieron varios objetos, entre ellos un cuenco de gachas que golpeó a un visitante en la cabeza dejándole una herida.

. . .

Eleanore fue golpeada y amenazada con ser internada en un manicomio, mientras su padre organizaba un exorcismo que acabó con una lluvia de cristales rotos sobre la familia. La niña fue enviada a un convento durante un tiempo, pero los sucesos continuaron. Una pesada mesa levitaba y la ropa de las monjas se movía de una celda a otra, incluso a través de puertas cerradas. Se realizaron exorcismos y se hipnotizó a Eleanore, pero todo fue en vano, los fenómenos continuaron. Finalmente fue internada en un manicomio, pero un investigador psíquico la rescató y la llevó a un monasterio.

Allí fue testigo de objetos que volaban por los aires, y de cómo Eleanore era abofeteada por la entidad invisible. Una condesa muy interesada en lo paranormal, Zoe Wassilko-Serecki, se llevó a Eleanore a Viena y la instaló en su piso.

Eleanore estaba encantada con su nueva vida, pero sorprendentemente los incidentes poltergeist continuaron. Los objetos seguían moviéndose y Eleanore afirmaba oír hablar a la entidad. También la sacaba de la cama, le llenaba los zapatos de agua y le arañaba la cara. En los brazos, las manos y el pecho le aparecieron arañazos, pinchazos y marcas de mordiscos. Harry Price viajó a Viena en abril de 1926 y se llevó a la niña a Londres, donde la sometió a pruebas de laboratorio. Eleanore dijo que creía que la actividad estaba siendo causada por "Dracu", el diablo. Price se interesó por el hecho de que Eleanore a menudo dejaba chocolate para Dracu, con la esperanza de que así pudiera eludirlo de alguna manera.

El propio Price estaba convencido de que Eleanore producía los fenómenos ella misma, aunque de forma inconsciente.

Otro investigador, Hans Rosenbusch, la sometió también a un examen de laboratorio en Berlín y llegó a la conclusión de que estaba fingiendo todo. En 1928, Eleanore, una vez "terminada" la actividad poltergeist, se trasladó a Czernowitz, en Rumanía, y montó una exitosa peluquería. El fin de la actividad coincidió con la primera menstruación de Eleanore. Al mismo tiempo experimentó un rápido desarrollo mental. La condesa creía que Eleanore tenía un fuerte impulso sexual, centrado en su padre, y que eso causaba gran parte de la actividad poltergeist. El fenómeno fue real al principio, Eleanore se había asustado mucho por las afirmaciones de su supersticiosa abuela, pero probablemente se le pasó cuando llegó a Viena.

De repente, de ser una campesina con inclinaciones sexuales culpables, pasó a ser muy solicitada por mucha gente de toda Europa. Es posible que Eleanore pensara que, si no mantenía el fenómeno, su hada madrina, la condesa, podría perder interés en ella y enviarla de vuelta a Buhai. Eleanore debió de disfrutar mucho de su estancia en Viena y Londres, pero también era una chica muy confusa. El autor e investigador Colin Wilson no está muy de acuerdo con la idea de que los poltergeists surgen del subconsciente humano, ya que considera "absurdo" que una niña se automutilara.

· · ·

Sin embargo, hay muchas chicas jóvenes, y también mujeres maduras, que se hacen cicatrices con cuchillos y tijeras, por la única razón de que sus hormonas sexuales están muy tensas.

Piensa que es una locura suponer que Eleanore se habría arañado tan violentamente sólo porque tenía una fijación culpable con su padre, pero en realidad es una suposición perfectamente razonable. La culpa sexual es algo poderoso, sobre todo si la persona ha tenido una educación religiosa, y puede hacer que mucha gente se haga cosas que pueden parecer absurdas, pero que en realidad son bastante trágicas y tristes.

LA CASA DE LAS CARAS

Comenzó el 23 de agosto de 1971

Belmez de la Morelada, España

Un ama de casa de mediana edad, doña María Gómez Pereira, encontró rostros que aparecían en las baldosas del suelo de su cocina y también se oían voces en diversas partes de la casa, murmurando en español palabras como "espíritus", "pobre Cico", "borracho", "nietecito" y "¿qué será de tu vida?".

La noticia de esta repentina e inusual aparición corrió como la pólvora por todo el mundo, y los cazadores de fantasmas acudieron en masa a la casita para ver por sí mismos el escenario de todos los extraños sucesos. Uno de los rostros, de rasgos planos y expresión atónita, fue fotografiado. Otras fotografías mostraban claramente rostros en proceso de formación.

Los testigos afirmaron que las expresiones de los rostros cambiaron a lo largo de varios meses y que se formaban caras en el suelo incluso cuando la cocina estaba cerrada y vacía. Nadie sabe a ciencia cierta por qué los fantasmas empezaron a aparecer de repente ni el significado de sus comentarios. Lo más probable es que la casa se construyera sobre un cementerio medieval, ya que está cerca de una iglesia.

Sin embargo, algunos lugareños han intentado relacionarlo con el asesinato de toda una familia perpetrado en la zona en el siglo XVII por el Gobernador de Granada, natural de Belmez. Se excavó el suelo y se encontraron restos humanos bajo los suelos de las casas vecinas, lo que confirma la teoría del cementerio medieval.

La Casa de las Caras", como se la conoce ahora, es una de las apariciones más sorprendentes y controvertidas de los últimos tiempos.

· · ·

Las acusaciones de que los Pereira lo fingieron todo utilizando productos químicos de una droguería no se sostienen, ya que las caras siguieron apareciendo incluso durante los periodos de observación más estrictos, y las voces se oían cuando María no estaba en el lugar. Sin embargo, existe la teoría de que Maria actuaba como catalizador y que era capaz de inducir mentalmente la aparición de los rostros, sobre todo porque se hacían visibles con regularidad cuando estaba estresada o se encontraba mal.

EL POLTERGEIST DE MULHOUSE

1978/1981

Mulhouse, Francia

El Instituto de Psicología e Higiene Mental de Friburgo investigó este brote poltergeist en noviembre de 1980. En el centro de los fantasmas estaba Carla, la pareja de origen español de la joven pareja que vivía en la casa. De niña había tenido varias experiencias psíquicas y a menudo predecía embarazos en mujeres. En dos ocasiones Carla se encontró encerrada en el retrete a pesar de que la puerta no tenía cerradura.

. . .

Aparecieron marcas en forma de cruz en su muslo y en el suelo debajo de la cama de la pareja. Las marcas también aparecieron en un trozo de papel clavado en la cámara de Thierry, su marido.

Las actividades se producían al menos tres veces por semana y solían consistir en golpes en las ventanas y sonidos de bebés llorando y animales gimiendo. Una mesa se movía sola y, por la noche, las sábanas se quitaban de la cama. Sin embargo, en lugar de puntos fríos, como suele ocurrir, esta casa tenía puntos de calor, que llegaban a alcanzar los 27 grados centígrados incluso con la calefacción apagada.

Carla afirmó una vez que había visto una aparición. La primera vez estaba agazapada en el suelo del sótano y la describió simplemente como una figura oscura que le tendió la mano amenazadoramente antes de desaparecer. La segunda vez había aparecido en el propio apartamento y Carla, presa del pánico, lo había atravesado corriendo.

El poltergeist parecía disfrutar atormentando a Carla de la forma en que la mayoría de las entidades son violentas con sus catalizadores. Una mañana, al despertarse, Carla recibió un puñetazo en el estómago, le pellizcaron una pierna y le descubrieron marcas de arañazos en la cara y los brazos. En una ocasión sintió como si unas manos frías le rodearan la garganta, y las marcas permanecieron en su cuello durante dos o tres días.

También le desaparecían prendas de ropa durante meses. El Instituto de Friburgo sometió a Carla a hipnosis y apareció una entidad que se hacía llamar "Henri". Henri" sólo se comunicaba en español, lo que puede explicar su afinidad con Carla, pero sus mensajes eran tontos y tenían poco sentido.

Thierry y Carla decidieron mudarse para huir de "Henri".

Mientras empaquetaban sus cajas, un vecino les informó de que la anterior propietaria, Madame Arricot, se había quejado con frecuencia de golpes inexplicables y de puertas que se abrían y cerraban cuando se quedaba sola en casa por la noche. En el aeropuerto, cuando la pareja se disponía a volar a su nuevo hogar en Guadalupe, Carla rompió a llorar al comprobar que le faltaban todos sus documentos de identidad. Hubo que hablar mucho para convencer a los funcionarios de que la dejaran subir al avión. Cuando llegaron a Guadalupe, Carla encontró sus documentos bajo el colchón de su nuevo apartamento. Los electrodomésticos se estropearon incluso después de que la pareja se instalara allí, y la televisión se estropeó varias veces sin motivo.

3

Norteamérica

LA VIRGEN MARÍA EN GUADALUPE

1531

Guadalupe, México

Se dice que la visión de María se le apareció cinco veces al converso católico Juan Diego. En la primera ocasión dijo que había oído cantar a un coro antes del amanecer y una voz de mujer que le llamaba por su nombre. Luego vio a una mujer de pie entre una nube de niebla, y ella le dijo que era la Virgen eterna.

En otra ocasión le dijo que fuera a coger flores.

. . .

Diego estaba un poco confundido por esto ya que era un día de invierno, pero encontró flores creciendo en un lugar donde ninguna había crecido antes. Descubrió que eran rosas de Castilla, un tipo de flor que nunca se había visto en México. Envolvió las flores en su capa y se las presentó al obispo local, pero cuando desenvolvió la capa, descubrió que el tosco material tenía impresa una imagen de la Virgen María.

La huella ha sobrevivido hasta nuestros días y la capa se exhibe ahora en el santuario de la iglesia que, según se dice, se construyó aquí a petición de María. Una especie de versión mexicana de la Sábana Santa de Turín. Se dice que una semejanza de Juan Diego se ve en los ojos de su imagen en la tela.

LA BRUJA DE LAS CAMPANAS

1817/1820

Condado de Robertson, Tennessee, EE.UU.

Probablemente uno de los brotes de poltergeist más violentos y maliciosos jamás registrados. El próspero granjero y baptista John Bell vivía aquí, en una remota granja, con su bella esposa Lucy y sus ocho hijos.

En 1817, su hija Betsy, de 13 años, se encontró en el epicentro de un brote de poltergeist. Comenzó cuando John Bell avistó en su granja una gran criatura parecida a un perro y le disparó con su pistola. A partir de entonces, la familia apenas conoció la paz. La actividad poltergeist estalló con una venganza. Se oían arañazos en las ventanas, se arrancaban las sábanas, se tiraban piedras, tanto a Betsy como a su hermano Richard les tiraban del pelo (Richard decía que sentía como si alguien intentara arrancarle la parte superior de la cabeza), a Betsy también le clavaban alfileres y se oía el batir de alas dentro de la casa. También se oían jadeos, como si alguien intentara hablar pero tuviera grandes dificultades para vocalizar.

Betsy también recibió violentas bofetadas en la cara. La enviaron a casa de unos vecinos, pero el poltergeist se fue con ella y la sometieron a golpes y arañazos. La actividad continuó durante dos años, y todas las noches los habitantes se veían perturbados por algún tipo de actividad. Se veían luces fuera de la casa, se tiraban piedras a los niños y los visitantes sufrían bofetadas de una fuerza invisible.

A veces los golpes eran tan fuertes que la casa temblaba literalmente. Comenzó a oírse un extraño silbido y, poco a poco, el poltergeist empezó a tener voz. Empezó con una especie de susurro jadeante. Les dijo que estaba enterrado en el bosque y que su tumba había sido removida. También les dijo que era "un espíritu de todas partes, del Cielo, del Infierno, de la Tierra.

Estoy en el aire, en las casas, en cualquier lugar y en cualquier momento. He sido creado hace millones de años. Eso es todo lo que os diré". Como suele ocurrir con los poltergeist, también intentó ofender lo más posible, haciendo comentarios sobre "el olor de un negro".

Los Bells emplearon a una niña negra llamada Anky, a la que la entidad ofendió y escupió constantemente, hasta que la cabeza de la pobre Anky quedó casi cubierta de saliva. Durante las sesiones vocales del poltergeist, Betsy sufría desmayos y a menudo entraba en trance. El propio John Bell desarrolló una enfermedad peculiar. Se le hinchaba la lengua y le resultaba difícil comer. El poltergeist le dijo a John (a quien se refería despectivamente como "Old Jack Bell") que estaría atormentado el resto de su vida.

También, como a la mayoría de los poltergeist, le gustaba usar un lenguaje soez. Betsy vomitó agujas y alfileres, y el poltergeist bromeó diciendo que pronto podría abrir una tienda.

La entidad decía que era una bruja llamada "Vieja Kate Batts", y con frecuencia llenaba la casa de olor a whisky como si estuviera disfrutando de una sesión de bebida. Kate Batts era en realidad una mujer de la localidad casada con un inválido. No había amor perdido entre ella y los Bell, pues una vez había llevado a cabo un negocio insatisfactorio con John y amenazaba continuamente con vengarse.

Lo intrigante es que estaba muy viva y coleando en el momento de la aparición, y disfrutaba haciendo predicciones, como predecir la Guerra Civil Americana y las dos guerras mundiales del siglo XX.

El general Andrew Jackson, un investigador psíquico aficionado, visitó la granja. Las ruedas de su carruaje se atascaron en el camino que conducía al lugar, y oyó una voz que decía ser Kate Batts, diciendo que aparecería en la granja esa noche. Esa noche Jackson oyó pasos fantasmales en la casa. Cuando intentó disparar al ente con una bala de plata fue abofeteado y expulsado de la casa.

La "vieja Kate", la entidad, tenía un lado blando. Sentía lástima por Lucy, la mujer de John, y cuando ésta cayó enferma murmuró tranquilizadoramente "pobre Luce". En el cumpleaños de Betsy materializó una cesta de fruta para ella. Betsy se comprometió con Joshua Gardner, pero él no pudo seguir con una chica que compartía su vida con un poltergeist y rompió la relación. No ayudó a las cosas que la entidad suplicara constantemente a Betsy que no se casara con Joshua.

El 20 de diciembre de 1820 murió John Bell, tras haber sufrido durante más de dos años su misteriosa enfermedad.

. . .

Durante tres años había sido el blanco de la ira del poltergeist.

A menudo le golpeaba en la cara, le tiraba al suelo cuando estaba fuera y le provocaba convulsiones. En una ocasión fue demasiado para él y se sentó a llorar.

El poltergeist entró en un frenesí de celebración mientras agonizaba, cantando canciones ruidosamente y tirando de las sábanas del enfermo. Incluso se rumoreó que había manipulado la medicina de John. Cuando se probó el líquido en el gato de la familia tras la muerte de John, el animal murió al instante. Tras la muerte de John, el fenómeno se calmó considerablemente.

Cuando John Jr. preguntó al poltergeist si podía hablar con su padre, la entidad se negó, diciendo que no se podía traer de vuelta a los muertos. Advirtió a la familia que volvería dentro de siete años. Posiblemente porque Betsy estaba ahora felizmente casada y vivía lejos de la granja, se experimentaron muy pocos fenómenos entonces, aunque la entidad hizo algunos intentos poco entusiastas de revivir sus viejas costumbres, arrancando la ropa de cama y arañando las ventanas, pero fue completamente ignorada por John Jr y su madre, que ahora vivían solos.

· · ·

Al cabo de quince días dijo que se marchaba y prometió volver de nuevo en 1935, pero no ocurrió nada y el Dr. Charles Bell, nuevo propietario de la granja y pariente lejano de John Bell, pasó el año en paz. La forma en que el poltergeist se centró tanto en John como en su hija ha llevado a especular que John agredió sexualmente a su propia hija y esto fue tan resentido por Betsy que inconscientemente crió a la entidad y causó la muerte de su padre.

Se ha dicho que John Bell sufría una enorme culpa por lo que había ocurrido entre él y Betsy, y que era propenso a profundos silencios melancólicos y depresiones. Colin Wilson argumenta en contra de la teoría del incesto, diciendo que, si realmente fue así, ¿por qué el poltergeist trató a Betsy con tanta violencia? Podría haber una respuesta sencilla. Muchas víctimas de incesto sufren confusión y un sentimiento de culpa irracional, como si sintieran que de alguna manera han provocado que se produzca el delito.

Esto les ocurre a menudo a los niños pequeños que han sido maltratados por sus padres.

El ataque incestuoso puede haber hecho que Betsy se odie a sí misma, y posiblemente se culpe por los ataques de depresión de su padre, además de odiarle inconscientemente por lo que hizo.

· · ·

Puede que fuera un trágico deseo masoquista de ser castigada (por algo que no pudo ser culpa suya) lo que permitió al poltergeist tratarla tan horriblemente. Se trata de especulaciones descabelladas, ya que no tenemos ninguna prueba de que ocurriera nada incestuoso en la remota granja, pero encajan mejor que la teoría de Wilson de que los poltergeists siempre van a por el cabeza de familia de la forma más maliciosa. No lo hacen.

Nadie sabe lo que la verdadera Kate Batts tenía que decir sobre la entidad que asumió su identidad de la forma en que lo hizo. ¿Estaba tan resentida con John Bell que fue capaz de manifestar su odio en una forma de pensamiento tan maliciosa? Su resentimiento, combinado con el de Betsy, podría haber sido suficiente para crear una persecución tan llena de acontecimientos.

Hay una gran variedad de historias sobre la Bruja de Bell. La que acabo de relatar me parece la más auténtica, ya que se basa en un diario escrito por John Jr. Otras cuentan que el hechizo se centró en otra hija de Bell, Mary, a la que un capataz malhablado empleado por Bell se encaprichó. Un día, el granjero disparó al hombre en un ataque de ira y el capataz regresó como el poltergeist, pero esta historia tiene poco fundamento.

Según otra versión, John Bell se comprometió con Kate Batts antes de conocer a Lucy.

Kate murió tras caerse y golpearse la cabeza con un cubo en la granja y John se casó inmediatamente con Lucy, que es cuando comenzó el embrujo. Esto también es un perfecto disparate, ya que se creía que Kate seguía viva en el momento de la persecución y que estaba casada con otra persona.

Lo más interesante es que se dice que el encantamiento tuvo un cierto renacimiento a finales de la década de 1980. El actual propietario declaró haber visto la aparición de una mujer de pelo oscuro flotando por los campos, y también que había oído misteriosos golpes en el interior de la casa.

Quizá haya escuchado demasiadas historias locales.

Cuenta la leyenda que una cala cercana, llamada la Cueva de la Bruja de la Campana, está encantada por gritos fantasmales, pasos y cadenas tintineantes.

EL POLTERGEIST DE AMHERST

1878/79

Amherst, Nueva Escocia, Canadá

· · ·

La casa de dos plantas del zapatero metodista Daniel Teed estaba bastante abarrotada. Con él vivían su esposa Olive y sus dos hijos, las hermanas de su esposa, Jennie y Esther Cox, el hermano de su esposa William y su propio hermano John. En agosto, Esther, de 18 años, una chica más bien rechoncha y sencilla, fue llevada a unos bosques cercanos por su novio, Bob MacNeal, quien le ordenó, a punta de pistola, que mantuviera relaciones sexuales con él, pero alguien se acercó antes de que la sucia acción pudiera llevarse a cabo. Esther estuvo deprimida durante varios días, llorando hasta quedarse dormida todas las noches, aunque parecía más preocupada por haber perdido a su novio que por haber estado a punto de ser víctima de una violación.

Esther parece haber estado atormentada por la frustración sexual. Era propensa a los ataques de nervios, (normalmente un síntoma), y había sufrido "pesadillas húmedas" sobre toros negros que intentaban entrar en su casa. Parece que, para la pobre y patética Esther, el sexo a punta de pistola habría sido mejor que nada de sexo.

El 4 de septiembre, aproximadamente una semana después del incidente con Bob MacNeal, se oyeron ruidos de arañazos en su dormitorio y Esther gritó que había un ratón en la cama con ella. Su hermana Jennie corrió en su ayuda y vio una caja de cartón que se movía sola.

.   .   .

La noche siguiente, la cara de Esther se puso roja y su cuerpo se hinchó de forma alarmante hasta alcanzar el doble de su tamaño normal. En el exterior se oyó un fuerte estruendo como si tronara, pero no se encontró nada que lo explicara.

Un par de días después le arrancaron la ropa de cama a Esther mientras dormía y se la arrojaron a John Teed, que abandonó la casa jurando no volver jamás. Su hermana Jennie se desmayó ante el espectáculo mientras el resto de la familia se sentaba sobre las sábanas para intentar mantenerlas en su sitio. El médico local, el Dr. Carritte, fue llamado para examinar el cuerpo hinchado de Esther, y durante su visita el yeso voló de las paredes y las palabras "Esther Cox, eres mía para matarte" aparecieron en la pared sobre su cama.

El médico también fue golpeado en la cabeza con una almohadilla y se desencadenaron golpes y ahorcamientos que duraron dos horas. Al día siguiente, Esther se quejó de una "sensación eléctrica" que le recorría el cuerpo. El médico le recetó morfina, pero a partir de entonces el atormentamiento pareció empeorar. Recibió un bombardeo de patatas, que se hizo tan violento que le derribó al otro lado de la habitación.

Durante varias semanas se oyeron fuertes ruidos alrededor de la casa y la familia dijo que eran tan fuertes que parecía que alguien estaba en el tejado con un mazo. Los transeúntes oían los ruidos y los periódicos locales informaron del fenómeno con todo lujo de detalles. Esther entró en trance y reveló toda la historia de Bob MacNeal. Jennie dijo que era culpa de Bob que se hubiera desatado el fenómeno, a lo que el poltergeist respondió con golpes, como si estuviera de acuerdo. Cuando la entidad escribía en las paredes, solía firmar con el nombre de "Bob".

La casa se convirtió en un circo, constantemente abarrotada de curiosos, todos deseosos de presenciar las travesuras de Esther. De hecho, acudió tanta gente que hubo que llamar a la policía para que ayudara. Un ministro, el reverendo Dr. Edwin Clay, que llamó por teléfono, vio cómo un cubo de agua fría que estaba sobre la mesa de la cocina empezaba a burbujear como si estuviera hirviendo. Defendió a Esther de las acusaciones de fraude y dijo que su cuerpo había recibido algún tipo de descarga eléctrica que la había convertido en una batería viva.

Su teoría era tan popular que le llamaban para dar conferencias sobre ella. En diciembre Esther enfermó de difteria, y durante ese tiempo cesaron los fantasmas, que volvieron a aparecer cuando se recuperó, al incendiarse espontáneamente un barril de virutas de madera que había en el sótano.

. . .

A Esther le dieron trabajo en un restaurante propiedad de John White, un vecino, pero el poltergeist la siguió hasta allí. La golpeaban en la cabeza con un cepillo de fregar, las puertas de los hornos se abrían con estrépito en su presencia y los objetos parecían pegarse a ella como si fuera un poderoso imán. Le dieron unos zapatos especiales con suela de cristal, pero le dolía la cabeza y le sangraba la nariz.

Las voces de su cabeza empezaron a amenazarla con apuñalarla y le dijeron que quemarían la casa de los Ted.

Como prueba, empezaron a llover cerillas encendidas del techo de su dormitorio, y uno de sus vestidos se incendió mientras estaba colgado en el armario. También se prendió fuego a uno de los vestidos de Olive Teed, mientras tenía a Esther en pleno campo de visión. Como era de esperar, John White le pidió que abandonara el restaurante, ya que la popularidad de Esther estaba por los suelos.

Un residente de Amherst de dudosa reputación llamado Dr. Nathan Tupper llegó a sugerir que la azotaran para "sacarle el mal". "Si un fuerte látigo de cuero crudo fuera colocado sobre los hombros desnudos de Esther por un brazo poderoso, los trucos de la niña cesarían de inmediato". Sin duda, el Dr. Tupper pensaba en sí mismo como "brazo poderoso".

.   .   .

En junio de 1879, un extraño mago, Walter Hubbell, llegó a Amherst decidido a hacer dinero con el "don" de Esther, pero el poltergeist resintió esta intrusión y le lanzó cuchillos de trinchar, un paraguas y una silla.

Durante la estancia de Hubbell, Esther se clavó alfileres en la mano y se produjeron incendios en la casa. Se oyó una trompeta en la casa mientras el reverendo R A Temple intentaba realizar un exorcismo, y más tarde se encontró una pequeña trompeta de plata que nadie recordaba haber visto antes. Nadie en la casa estaba a salvo de las travesuras de Bob. El hermano de Esther, George, se sintió avergonzado al verse focibamente desnudado en público en tres ocasiones, e incluso el gato de la familia fue levitado metro y medio en el aire.

Esther le dijo a Hubbell que el poltergeist no le caía bien, pero no se dejó disuadir tan fácilmente. Esther fue puesta en escena, pero cuando el poltergeist se negó a cooperar, ella y Hubbell tuvieron que huir del público iracundo que exigía la devolución de su dinero.

Hubbell regresó a St. John y escribió un libro de éxito sobre lo que había visto, pero Esther no tuvo tanta suerte. El propietario de la casa de los Teed, el señor Bliss, estaba preocupado por el efecto que la entidad estaba teniendo en su propiedad y pidió a Esther que se marchara.

· · ·

La desventurada chica fue a trabajar a una granja local, propiedad de un tal señor Van Amburgh, pero cuando desaparecieron objetos fue acusada de robo.

Cuando el granero se incendió, también fue acusada de incendio provocado y condenada a cuatro meses de prisión. Durante su estancia en la cárcel, la actividad poltergeist cesó por completo y no volvió a repetirse. Se supone que el "breve tratamiento de choque" que supuso el ingreso en prisión despejó el subconsciente de Esther. Aunque nunca volvió a sufrir las travesuras de un poltergeist, no tuvo mucha suerte. Más tarde, se convirtió en una mujer gorda y desaliñada con problemas con la bebida. Puede que Hubbell sacara provecho de sus experiencias, pero Esther nunca lo hizo.

EL FANTASMA DE GREENBRIER

1897

Greenbrier, Virginia Occidental, EE.UU.

Zona Shue vivía en Greenbrier con su marido Trout Shue. Zona nació alrededor de 1873 y en 1895 tuvo un hijo ilegítimo. En 1896 conoció a Trout Shue y la pareja se casó poco después.

La madre de Zona se opuso amargamente a la boda, pues no le gustaba la idea de que su hija se casara con un completo desconocido, a pesar de tener un hijo ilegítimo.

El 23 de enero de 1897, un niño de color, Andy Jones, fue interceptado en la calle por Trout, que le pidió que fuera a su casa a preguntar si su mujer quería algo de la tienda.

Andy fue a casa de los Shue y encontró a Zona muerta en el suelo de la cocina. El asustado muchacho corrió a buscar a Trout, que entonces empezó a actuar de una manera muy peculiar. Cuando el forense, el Dr. George W. Knapp, llegó a la casa, Trout ya había subido a su mujer y la había vestido con sus mejores galas.

Trout se lamentaba y acunaba la cabeza de su mujer en el regazo. Cuando Knapp intentó examinar el cadáver, Trout se angustió tanto que el médico tuvo que desistir y registró la muerte de Zona como "complicaciones del parto". El comportamiento de Trout se volvió aún más extraño. Se ató un pañuelo al cuello de Zona y no dejó que nadie lo tocara; de hecho, no dejó que nadie se acercara al cadáver. Cuando Heaster, la madre de Zona, intentó lavar la sábana que había dentro del ataúd, la encontró salpicada de una mancha roja indeleble y lo interpretó como una señal de que la muerte de su hija no había sido natural.

· · ·

Comenzó a rezar para que Zona volviera de entre los muertos y contara a todo el mundo la verdad de lo sucedido, e increíblemente parece que sus plegarias pronto fueron escuchadas.

Zona apareció junto a la cama de su madre y dijo que Trucha le había roto el cuello en un violento ataque de ira, simplemente porque no había cocinado carne para la cena. Para demostrarlo, Zona hizo girar su cabeza. Ya corrían rumores en el distrito sobre la muerte de Zona y el fiscal John Alfred Preston ordenó una investigación.

Trout se opuso a que se exhumara el cadáver de Zona y dijo que no podrían demostrar que la había asesinado. Cuando se descubrió que Zona tenía el cuello y la tráquea rotos, Trout fue detenido por asesinato. Durante los preparativos del juicio se supo la verdad sobre Trout. Su primera esposa denunció que había abusado de ella, y la segunda había muerto en circunstancias misteriosas al quedar inconsciente por la caída de una roca.

Trout estaba de buen humor en la cárcel. Anunció que su ambición de toda la vida era tener siete esposas, pero fue declarado culpable y condenado a cadena perpetua. Al asesino se le eximió de la pena de muerte alegando que las pruebas contra él eran puramente circunstanciales. Murió de una infección en 1900 en la penitenciaría estatal de Moundsville,

¡El único hombre condenado por las pruebas de un fantasma bastante dudoso!

EL CASO CHAFFIN WILL

1925

Carolina del Norte, EE.UU.

En noviembre de 1905, el granjero James L. Chaffin redactó un testamento en el que dejaba todo a su tercer hijo, Marshall, excluyendo así a su mujer y a sus otros tres hijos. Sin embargo, en enero de 1919, Chaffin cambió de opinión, modificó su testamento para incluir a todos y pidió a los chicos que cuidaran de su "mami". Chaffin no informó a nadie del nuevo testamento y lo escondió en su vieja Biblia.

El 7 de septiembre de 1921 Chaffin murió tras sufrir una grave caída. Se legalizó el testamento de 1905 y todo fue a parar a Marshall, pues nadie lo impugnó. En 1925 otro hijo, James, tuvo un sueño en el que su padre aparecía junto a su cama y le decía que mirara en el bolsillo de su abrigo. Poco después consiguió hacerse con el viejo abrigo de su padre y encontró el bolsillo cosido.

.   .   .

Lo abrió y encontró una nota que le decía que buscara en su vieja Biblia. James reunió a algunos testigos, localizó la Biblia y descubrió el testamento. El segundo testamento se presentó ante un tribunal, donde fue impugnado por la viuda de Marshall. Sin embargo, cuando se le mostró el testamento, aceptó que la letra era de Chaffin y retiró su protesta. El lapso de tiempo transcurrido descarta la teoría de la falsificación, pues ¿por qué iba a esperar James cuatro años para presentar un testamento falsificado (y todo el mundo estaba de acuerdo en que era de puño y letra de Chaffin padre) o para presentar un testamento que conocía? Por los detalles del caso, parece que Chaffin padre mantuvo el nuevo testamento en secreto, así que para quien quiera creer desesperadamente en la vida después de la muerte, este tipo de caso bien podría aportar alguna prueba.

EL FANTASMA DE LA CASA DE EDGAR ALLEN POE

A partir de 1960

Baltimore, Maryland, EE.UU.

La casa donde vivió y murió el gran escritor de novelas de misterio Edgar Allen Poe no parece estar embrujada por el propio Poe, pero en 1949 se abrió al público y a partir de los años sesenta se empezaron a registrar fenómenos extraños.

Se han encendido luces, las puertas se abren y cierran solas y alguien invisible toca a los visitantes en el hombro. La mayor parte de las apariciones parecen tener lugar en el ático y en el dormitorio donde dormía la prima de Poe, Virginia Clemm. Los psíquicos afirman haber visto la aparición de una anciana de pelo gris vestida a la antigua, pero quién es sigue siendo un misterio.

EL POLTERGEIST DE BALTIMORE

14 de enero/8 de febrero de 1960

Baltimore, Maryland, EE.UU.

Durante este brote de poltergeist se rompieron o tiraron tantos objetos de la casa que la familia, desesperada, lo tiró todo al patio trasero. En la casa vivían el bombero jubilado Edgar C Jones, su esposa, el yerno y la hija de la pareja, y su nieto de 17 años Ted Pauls.

Ted era un chico extraño. Había abandonado el instituto y se pasaba todo el tiempo leyendo ciencia ficción y escribiendo su propio boletín. A todo el mundo le preocupaba que este joven tan inteligente se estuviera escondiendo y perdiendo el tiempo.

· · ·

Los fantasmas comenzaron cuando 15 jarras de cerámica en miniatura explotaron a la vez en un estante del comedor, a partir de entonces nada era seguro. El Sr. Jones fue golpeado en la cabeza con una lata de chucrut y una mesa fue arrojada escaleras abajo.

Unos quince días después de que comenzaran los fantasmas, la Sra. Jones se dio cuenta de que no podía aguantar más y se fue a vivir con su hermana hasta que la situación se calmara. Los fantasmas cesaron sin previo aviso el 8 de febrero. Pero para entonces el daño ya estaba hecho, en más de un sentido.

La casa de los Jones estaba constantemente infestada de periodistas, y muchos testigos escépticos acusaron a Ted de fingirlo todo, pero un fontanero tenía una explicación diferente. Dijo que la caldera de aire caliente era la causa de todos los problemas, y pidió a la familia que abriera todas las ventanas para reducir la presión. Cuando lo hicieron, los sucesos se detuvieron. Posiblemente se trate del primer fantasma exorcizado por un fontanero. Nandor Fodor entrevistó a la familia y llegó a la conclusión de que Ted dirigía inconscientemente su poder mental para causar las perturbaciones.

Ted era un escritor frustrado, molesto porque nadie reconocía su talento oculto. Fodor fue a la radio para decir que si a Ted se le permitía escribir su propio relato del encantamiento, podría ayudar considerablemente. Esto hizo maravillas en la autoestima de Ted y aseguró que el poltergeist no volvería. Sin embargo, los Jones estaban convencidos de que el fontanero debía llevarse el mérito, y el caso sigue sin ser concluyente.

EL FANTASMA DE ALCATRAZ

A partir de 1963

Alcatraz, Bahía de San Francisco, California, EE.UU.

Con la excepción de la Isla del Diablo, Alcatraz debe de haber sido una de las prisiones más lúgubres y destructoras de almas que jamás se hayan construido. Como tal, sería muy sorprendente que no estuviera embrujada de un modo u otro. Alcatraz fue originalmente un fuerte del ejército, pero en 1934 se convirtió en una penitenciaría federal para albergar a algunos de los criminales más duros de Estados Unidos.

Palabras como "rehabilitación" eran desconocidas en aquella época, ya que el lúgubre edificio estaba concebido únicamente como un lugar de castigo, en el que escapar era un sueño imposible.

Al Capone terminó sus días en Alcatraz. Se había vuelto totalmente loco, por una combinación de sífilis y su encarcelamiento en "la Roca". Los demás reclusos le amenazaban constantemente, así que pasaba los días solo, tocando el banjo en su celda o en la ducha.

En 1946 se produjo un baño de sangre cuando seis presos intentaron fugarse. El intento acabó con la muerte de tres guardias y tres de los reclusos. El aislamiento era el castigo más temido. En los bloques de celdas 11, 12, 13 y 14 del bloque D, un preso podía ser desnudado y encerrado en completa oscuridad durante largos periodos de tiempo, y sólo recibía una comida adecuada una vez cada tres días.

Desde que Alcatraz se cerró como prisión y se abrió al público en 1963, los guardias y los guías turísticos han declarado oír ruidos inexplicables, como gritos, silbidos, pies que corren por los pasillos y el golpeteo de puertas metálicas. Se han oído voces de hombres en la sala del hospital. Los alrededores de la celda 14-D, uno de los lugares de aislamiento, se han sentido terriblemente fríos, incluso en días calurosos, y muchas personas se han sentido "extrañas" allí, aunque muchos han admitido que esto podría deberse simplemente a lo que han oído sobre el lugar.

También se ha oído música de banjo procedente del cuarto de duchas, posiblemente el recuerdo fantasmal de cómo uno de los hombres más poderosos de América acabó sus días como un paria demente y solitario.

EL FANTASMA DE LA FOTO

23 de noviembre de 1965/febrero de 1970

Haw Branch, Amelia, Virginia, EE.UU.

Una antigua casa de plantación llamada Haw Branch fue el escenario de una fantasmagoría muy clásica. Una pareja llamada Cary y Gibson McConnaughey compró la casa en 1964.

Gibson ya conocía el lugar, pues su abuela había vivido allí muchos años antes. Poco sospechaban que su hermosa casa iba a producir algunos fenómenos desconcertantes para ambos.

El 23 de noviembre de 1965 se oyeron gritos de mujer procedentes del ático por la noche. Este inquietante fenómeno continuó con una periodicidad semestral. Gibson empezó a ver la silueta blanca de una joven que llevaba una falda victoriana con aros, y también vio a una Dama Blanca fantasmal de pie delante del fuego del salón.

El 23 de mayo de 1968 se oyeron fuertes pisadas cruzando el patio. También en ese momento los hijos de McConnaughey vieron lo que llamaron "un pájaro gigante" en el patio. El aroma de naranjas y rosas impregnó la casa, se oyeron cencerros en el exterior y se vio una linterna que se movía desde el granero como si la llevara una persona invisible.

En 1969, Gibson recibió un retrato de su abuela.

Le habían dicho que era un bonito retrato al pastel, pero cuando llegó se dio cuenta de que estaba pintado al carboncillo. Pocos días después de su llegada, oyó voces de mujer en la biblioteca donde había colgado el cuadro. En febrero de 1970, Cary estaba sentado en la misma habitación cuando se sorprendió al ver que el color se desarrollaba lentamente en el retrato, hasta que finalmente se convirtió en el retrato al pastel que le habían prometido.

Se llamó a una médium para que intentara aclarar el enigma. Dijo que la abuela de Gibson, Florence Wright, había muerto antes de terminar el retrato y que, por tanto, su espíritu había quedado atrapado en el cuadro. Ahora que estaba colgado en casa de su nieta, su espíritu era libre de marcharse, y así parece haberlo hecho.

EL CINE ENCANTADO

Principios de los 70/mediados de los 80

Teatro Harvard Exit, Seattle, Washington, EE.UU.

El cine ocupa un edificio de principios de siglo y fue creado en 1968. A principios de la década de 1970, la gerente del cine, Janet Wainwright, declaró haber visto la aparición de una mujer vestida a la eduardiana. También dijo que, a menudo, al llegar al trabajo por la mañana se encontraba un fuego en la rejilla de una sala del tercer piso y sillas agrupadas en semicírculo a su alrededor. Un proyeccionista declaró haber oído también a una mujer sollozando en la tercera planta.

En 1982, Alan Blangy tomó el relevo de Janet y pronto experimentó sus propios fenómenos. Una noche, mientras cerraba, vio a alguien salir por la salida de incendios del auditorio de la tercera planta. Corrió hacia la puerta esperando ver a un intruso. Con gran dificultad consiguió abrir la puerta, pero la salida de incendios estaba vacía y no había oído ningún ruido de pasos en las escaleras. Blangy quedó muy afectado por este incidente y, a partir de entonces, se negó a trabajar solo en el tercer piso.

En 1985, un grupo de cazadores de fantasmas dejó una grabadora en marcha en la tercera planta.

· · ·

Afirmaron haber captado voces fantasmales en la cinta, pero eran muy dudosas, al igual que su afirmación de haber visto una bola de luz nebulosa en el auditorio.

En 1987, el cineasta Karl Krogstad alquiló parte del teatro para guardar material. A menudo informaba de que las cajas se volteaban sin motivo. Blangy estaba convencido de que el teatro estaba embrujado por la primera alcaldesa de Washington, Bertha K Landes, que ocupó el cargo de 1926 a 1928 y murió en 1943.

Blangy fue informada por otros miembros del personal de que los incendios y las sillas cambiadas de sitio que vio Janet Wainwright habían sido bromas pesadas llevadas a cabo por ellos, después de que ella hiciera un gran alboroto por haber visto al fantasma femenino. A finales de los ochenta se abrió un museo en la otra punta de Seattle con una exposición dedicada a Bertha K Landes. A partir de entonces cesaron los fantasmas en el teatro, y Blangy cree firmemente que Bertha se ha trasladado al museo, aunque éste niega haber experimentado ningún fenómeno paranormal.

EL EMBRUJO DE LA CASA HALCYON

1972

· · ·

Halcyon House, Georgetown, Washington DC, EE.UU.

La casa fue construida hace 200 años por Benjamin Stoddert, Secretario de la Marina de los Estados Unidos. Stoddert tuvo mala suerte en los negocios y murió sin un céntimo en 1813.

Desde entonces, la casa parece haber sido desafortunada para la mayoría de sus residentes.

Durante la Guerra Civil se construyó un túnel bajo la casa como parte de un ferrocarril subterráneo para esclavos fugitivos. Cuenta la leyenda que algunos de los esclavos murieron allí y que, desde entonces, la casa está encantada por sus gritos y gemidos. En la década de 1930 la compró un hombre bastante excéntrico que creía que si seguía añadiendo cosas a la casa nunca moriría. Por eso construyó escaleras que no llevaban a ninguna parte y puertas que daban a las paredes. También se negó a instalar electricidad.

Sin embargo, todo su trabajo quedó en nada, pues murió en 1938. Tras su muerte, los fantasmas aumentaron. Las puertas y ventanas se abrían solas y se oían ruidos extraños procedentes del desván. Los huéspedes se despertaban y se encontraban flotando sobre sus camas, y se vio una aparición de Benjamin Stoddert. A mediados de la década de 1970 también se vio a una mujer fantasma.

· · ·

En 1972, una pareja afirmó que al despertarse se habían dado la vuelta en la cama.

EL HORROR DE AMITYVILLE

mediados de los 70

112 Ocean Avenue, Amityville, Nueva York, EE.UU.

El 13 de noviembre de 1974, Ronald deFeo se paseó por su casa en mitad de la noche y mató a tiros a toda su familia mientras dormían. Poco más de un año después, el 18 de diciembre de 1975, George y Kathy Lutz se mudaron a la antigua casa de deFeo con sus tres hijos, y afirmaron sufrir un terrorífico acecho. La gran casa colonial holandesa costaba sólo 80.000 dólares, porque nadie quería vivir en un edificio con un pasado reciente tan horrible.

Según el exitoso libro de Jay Anson en el que se detallan los sucesos, los Lutz tuvieron que soportar la baba negra que salía de los retretes, espectros encapuchados, un ataque de abejas asesinas, puntos fríos, el sonido de una banda de música invisible en el salón, portazos, baba verde que salía de las paredes, su hija hablando con un amigo invisible (algo poco habitual cuando se trata de niños) y las huellas de pezuñas hendidas en el jardín.

George se dejó barba y afirmó que empezó a adoptar el aspecto de Ronald deFeo. Dejó de ir a trabajar y su negocio se resintió. El padre Ralph Pecararo dijo que oyó una voz que le decía que se fuera cuando roció la casa con agua bendita. Se encontró una pequeña habitación debajo de las escaleras, pintada completamente de rojo sangre, pero nunca se descubrió para qué servía. El 14 de enero de 1976, los Lutz huyeron de la casa en plena noche para no volver jamás.

Siguieron una serie de turgentes películas. La primera, que trataba sobre las experiencias de los Lutz, era increíblemente nefasta y francamente aburrida, y parecía afirmar que en Amityville se producía una violenta tormenta eléctrica todas las noches.

Tanto el libro como la película mentían descaradamente.

Anson había afirmado que el manuscrito estaba gafado y atribuía todo lo sucedido, incluido el hecho de que su coche cayera en un agujero, a "La maldición del manuscrito".

En el rodaje de la película, James Brolin, que interpretaba a George Lutz, afirmó estar igualmente afectado, sufriendo un accidente en un ascensor y una torcedura de tobillo.

. . .

La casa original, llamada con precisión "High Hopes", no se utilizó en la película porque se dijo que a nadie le gustaba el ambiente que allí se respiraba. Anson, que era propenso a la mala salud, nunca llegó a visitar la casa sobre la que escribió.

A primera vista, todo este catálogo de sucesos podría resultar impresionante, si no fuera porque la propia pesadilla fue un fraude escandaloso, cometido por una familia confundida y arruinada económicamente. Después de su dramática huida de la casa, los Lutz se fueron a vivir a California, donde siguieron escribiendo libros sobre el encantamiento, afirmando que los "demonios" les habían seguido hasta allí.

Estas experiencias fueron relatadas en la tercera película de *Amityville*, *Amityville: El capítulo final* (¡ojalá!), en la que los nombres de los hijos de los Lutz habían sido cambiados misteriosamente sin motivo, y George Lutz, que trabajaba en una empresa familiar de topografía, se encontraba ahora como controlador aéreo.

Resulta revelador que los posteriores propietarios de "High Hopes", Jim y Barbara Cromarty, dijeran que la casa no está embrujada en absoluto. Demandaron con éxito a los Lutz y a Jay Anson, porque habían tenido que sufrir desmesuradamente a los buscadores de sensaciones desde que el "encantamiento" se hizo público.

El padre Pecararo también demandó a los Lutz por invasión de la intimidad y tergiversación de los hechos. Llegó a un acuerdo extrajudicial.

Los escépticos cayeron sobre el Horror de Amityville con un regocijo desenfrenado. Por ejemplo, algunas de las terribles condiciones meteorológicas descritas en el libro "objetivo" de Anson podían desmentirse simplemente comprobando los informes meteorológicos reales. Se descubrió que los detalles de las experiencias del padre Pecararo habían sido inventados por Anson a partir de entrevistas telefónicas grabadas muchos meses antes y basadas únicamente en la única visita que el padre Pecararo hizo a la casa.

Mucho más condenatoria fue la entrevista que el abogado de Ronald deFeo concedió a la radio en 1979. Afirmó que todo el misterio se había fraguado alrededor de la mesa de la cocina de los Lutz, ¡con varias botellas de vino! Les demandó por una parte de los beneficios del libro y la película. Los Lutz le devolvieron la demanda y Kathy se sometió a una evaluación psicológica del estrés, que concluyó que creía que los hechos habían sucedido realmente. Sin embargo, los Lutz se han negado siempre a enfrentarse a sus críticos en un careo televisado.

El juez Jack Weinstein, que presidió uno de los muchos casos de difamación relacionados con la Farsa de Amityville, dijo que "las pruebas demuestran con bastante claridad que los

Lutz durante todo este periodo estuvieron considerando y actuando con la idea de publicar un libro". El Dr. Stephen Kaplan, director del Parapsychology Institute of America, estudió el caso durante meses y entrevistó a muchas de las personas implicadas.

Él debería tener la última palabra en todo este sórdido embrollo. "No encontramos pruebas que apoyen ninguna afirmación de una 'casa encantada'. Lo que sí encontramos es una pareja que había comprado una casa que económicamente no podía permitirse. Es nuestra opinión profesional que la historia de su embrujamiento es mayormente ficción". Ocurre.

EL POLTERGEIST DE LEESBURG

Enero de 1978/79

Leesburg, Florida, EE.UU.

Con éste tenemos un caso de poltergeist muy curioso. Todo empezó cuando unas misteriosas voces interrumpieron una conversación telefónica en la casa en cuestión, pero no se trataba de un simple cruce de líneas. Fue el preludio de una serie de inquietantes fenómenos paranormales que duraron un año.

Había el habitual movimiento de muebles y objetos domésticos, pero aún más desconcertantes eran las extrañas voces que salían de las paredes, e incluso de la boca de la hija de diez años. La casa estaba ocupada en su totalidad por mujeres: la abuela, la madre y dos hijas, la menor de las cuales tenía seis años. Las voces extrañas no eran nada agradables, ya que a menudo utilizaban un lenguaje bastante colorido y proferían amenazas abusivas.

El fenómeno más extraño de todos era cuando las voces interrumpían las llamadas telefónicas y procedían a dar largas descripciones de la persona al otro lado de la línea.

EL NIÑO DE BLANCO

1979/81

Grant, Nueva Inglaterra, EE.UU.

Un niño pequeño vestido de blanco rondaba la casa de una familia anónima de esta localidad. El 9 de marzo de 1981, la esposa del propietario estaba sola en casa con los niños, ya que su marido trabajaba en el turno de noche en una fábrica local. A primera hora de la mañana se despertó y vio a un niño pequeño, vestido de blanco, delante de la puerta de su habitación.

No podía ser su propio hijo, porque él tenía quince años, y este niño no aparentaba más de ocho. Lo vio pasear por el pasillo durante un buen rato. Unos días más tarde, el 20 de marzo, volvió a verlo. Esta vez le habló, preguntándole patéticamente "¿Adónde van todas las personas solitarias?" y "¿Adónde pertenezco?"

Tres días más tarde, su marido vio al pequeño en su dormitorio, donde el niño le dijo que le habían contado mentiras y que había llegado la hora de la verdad. Su hija, de 11 años, se asustó al ver al chiquillo y se metió debajo de la ropa de cama.

Se creía que era el tío del propietario, que había muerto de niño y había sido enterrado con su traje blanco de comunión. La casa se había construido alrededor de la época de su nacimiento. Las mentiras a las que se refería podían estar relacionadas con su hermano gemelo, al que se culpaba de haberse llevado algo de la casa. En una ocasión, el propietario estaba hablando con su padre por teléfono y cada vez que mencionaba a su tío, la línea se cortaba.

Cuando alguien de su iglesia católica les aconsejó que ignoraran al niño, se desencadenaron fenómenos poltergeist, como el lanzamiento de un teléfono al otro lado de la habitación y un portazo en la puerta de un armario. Aún más inquietante era el sonido de llantos en la casa, que solía preceder a la mala suerte de la familia.

En mayo de 1979, la mujer del propietario lo oyó justo antes de la operación de su hija. Otro espectro de este lugar psíquicamente superpoblado era el de una grotesca figura encorvada que profería obscenidades. Se creía que era la abuela del propietario, que estaba resentida con su mujer y se había opuesto a su matrimonio.

Se encendieron y apagaron las luces y el suministro de agua de la casa, y se cambiaron de sitio la ropa de cama y las chucherías religiosas. Un exorcismo pareció calmar la naturaleza más agresiva de los fenómenos. William Ross, director de la Fundación de Investigación Psíquica, creía que los fenómenos se debían a tensiones en el seno de la familia.

EL FANTASMA DE EDITH WHARTON

1979

The Mount, Lenox, Massachusetts, EE.UU.

La escritora estadounidense Edith Wharton construyó The Mount a principios del siglo XX.

Era una agradable mansión neogeorgiana donde le gustaba trabajar y recibir a sus amigos.

En 1912 Edith la vendió y durante un tiempo la casa se utilizó como colegio femenino. En 1978 pasó a manos de "Shakespeare and Company", una compañía de actores que vive y actúa en la casa. Los actores han informado de fenómenos considerables, desde sonidos de risas de niñas, que se cree que pertenecen a la época en que la casa era un colegio, hasta una aparición de Edith Wharton vista en el segundo piso y caminando arriba y abajo por la terraza.

También existe el fantasma menos agradable de una figura encapuchada que oprime a la gente cuando está tumbada en la cama.

En 1979, Andrea Haring, actriz y profesora de canto, que estaba durmiendo en el antiguo estudio de Edith, se despertó de repente a las 4 de la madrugada, se dio cuenta de que la habitación se había quedado helada y vio tres figuras, y un escritorio y un diván que habían aparecido de la nada. Dijo que los muebles y las personas parecían reales.

Uno de los fantasmas, Edith, estaba sentada en su escritorio escribiendo y hablando con dos hombres, uno de los cuales Andrea reconoció como Edward, el marido de Edith. Aunque todos parecían conversar con normalidad, Andrea no podía oír lo que decían, pero de repente los fantasmas se volvieron hacia ella y parecieron reconocer su presencia (¡algo muy inusual!).

· · ·

Andrea salió de la habitación, y cuando volvió estaba vacía de fantasmas y sus muebles.

Se cree que el segundo hombre que vio a Andrea era el secretario de Edith, y muchos especulan que también era su amante.

EL EMBRUJO DE BAKERSFIELD

30 de noviembre de 1981/25 de enero de 1982

Bakersfield, California, EE.UU.

Un fantasma muy extraño y algo confuso, como dos casos torpemente unidos. El 30 de noviembre de 1981, la Sra. Frances Freeborn se mudó a una casa que había permanecido más o menos desocupada desde la muerte del anterior propietario, una viuda sin nombre, en 1976.

La Sra. Freeborn intuyó que la señora no aprobaba los cambios que estaba haciendo en la casa, y se encontró cuadros trasladados a posiciones más bajas en las paredes (la anterior propietaria había sido una mujer muy bajita). Todo esto era muy inofensivo, y la señora Freeborn nunca se sintió en peligro hasta el 25 de enero de 1982.

Había estado planeando decorar el dormitorio principal, pero de repente se sintió observada.

Después de acostarse por la noche, oyó un ruido inquietante como si estuvieran destrozando la cocina y, aterrorizada, intentó salir de la casa, pero se encontró con un "muro de presión" en el pasillo que intentaba impedirle la salida.

Afirmó haber visto a tres entidades, una de las cuales era un niño pequeño, antes de conseguir huir de la casa en camisón. Esta peculiar y controvertida casa encantada ha sido exorcizada desde entonces.

EL EMBRUJO DE SMURL

1985/87

West Pittston, Pensilvania, EE.UU.

Otro embrujo que ha causado considerable controversia en Estados Unidos y que también tiene posibilidades de ser un nuevo Amityville. La familia Smurl había vivido en un dúplex aquí desde 1973, con John y Mary Smurl viviendo en la mitad derecha, y su hijo Jack, su esposa Janet y sus dos hijas, Dawn y Heather, en la otra mitad.

Todos subrayaban que eran un grupo feliz y contento, ya que eran católicos devotos, y Jack y Janet estaban muy contentos de vivir con los padres de Jack. Sin embargo, desde que se mudaron al dúplex, habían sufrido sucesos extraños. Los televisores habían estallado en llamas, las tuberías tenían fugas y la pintura estaba rayada, los retretes tiraban de la cadena, se oían pasos en las escaleras y la radio sonaba a todo volumen, aunque estuviera desenchufada. También se detectaron olores extraños.

Las gemelas Shannon y Carin nacieron en 1977 y los Smurl ya estaban un poco cansados de las inexplicables perturbaciones. Pero las cosas iban a empeorar. En 1985, todas las habitaciones se volvieron misteriosamente gélidas. Se oían voces obscenas cuando nadie hablaba, y Janet oyó que la llamaban por su nombre en el sótano.

Luego, en febrero, Janet vio una enorme aparición negra sin rostro en la cocina. Atravesó la pared y Mary la vio al otro lado. A partir de entonces la familia no tuvo mucha paz. La noche en que Heather iba a ser confirmada, Jack fue levitado en el aire y en otra ocasión Janet fue sacada de la cama mientras hacía el amor con su marido, y Jack casi se atragantó cuando sintió olores nauseabundos.

El perro de la familia fue levantado por los aires y atacado físicamente por una fuerza invisible. La pequeña Shannon fue arrojada de la cama y se oyó el siseo de las serpientes.

Los vecinos dijeron haber oído gritos procedentes de la casa cuando toda la familia estaba fuera. De mala gana, en enero de 1986, los Smurl llamaron a los investigadores psíquicos Ed y Lorraine Warren.

Los Warren interrogaron exhaustivamente a los Smurl sobre sus creencias religiosas y anunciaron que el dúplex estaba embrujado por nada menos que cuatro "demonios". No había malos sentimientos entre la familia, por lo que los Warren llegaron a la conclusión de que las "criaturas" estaban siendo activadas por la inminente pubertad de las hijas. Los Warren organizaron una sesión de oración para intentar sacar a la luz al menos a uno de los demonios.

Fueron interrumpidos por una voz que gruñía: "Bastardo asqueroso. Sal de esta casa". El televisor emitió un brillo espeluznante y un espejo tembló. A continuación, Janet recibió puñetazos y bofetadas. Jack vio entonces los fantasmas de dos mujeres vestidas con ropas coloniales y las cosas empezaron a ponerse muy dramáticas. Jack afirmó haber sido agredido sexualmente por un horrible súcubo que se hacía pasar por una grotesca anciana.

Se oían gruñidos como de cerdos por toda la casa y, aunque la familia intentó obtener ayuda de la Iglesia Católica, ésta se mostró muy poco comprometida.

· · ·

Sin embargo, el padre Robert F. McKenna realizó un exorcismo que sólo empeoró las cosas. Los "demonios" seguían a Jack al trabajo y acompañaban a la familia cuando iban de acampada. Los Smurl sabían que mudarse no era la solución, pues los fantasmas probablemente les seguirían.

Después de que la familia apareciera anónimamente en la televisión local, el "demonio" enloqueció de rabia. Levitó a Janet en el aire y la arrojó contra la pared, y Jack vio una criatura monstruosa parecida a un cerdo sobre dos patas. En agosto de 1986, la prensa se hizo eco de la historia de la familia.

Inmediatamente su casa se convirtió en una atracción turística, lo que confirmó la creencia de muchos vecinos escépticos de que la familia esperaba beneficiarse de un contrato para un libro. Al parecer, el espectro de Amityville seguía acechando. Los Smurl no ayudaron a su causa rechazando los avances de los investigadores científicos y psíquicos, alegando que preferían trabajar con la Iglesia y el muy dudoso matrimonio Warren.

El CSICOP, organización que se dedica a denunciar los fenómenos paranormales, llegó a la conclusión de que el embrujo se debía a un pozo minero abandonado en las cercanías, que podía causar los extraños ruidos, a una tubería de alcantarillado rota, que podía generar los malos olores, y a travesuras de adolescentes.

También llegaron a la conclusión de que Jack había fantaseado con que lo violaba un fantasma. También se señaló, de forma condenatoria, que aunque Janet dijo que había informado de sus problemas a la policía, ésta no tenía constancia de que se hubiera puesto en contacto con ellos.

Ed Warren afirmó tener cintas de vídeo de los ruidos que se oían en la casa y de una forma oscura que se movía.

Cuando el CSICOP le pidió que las presentara, dijo que estaban en posesión de la Iglesia. La Iglesia negó inmediatamente tenerlas.

También rechazó la petición de algunos periodistas que querían pasar una noche en la casa. Parecía como si Ed Warren se hubiera hecho cargo de todo el caso. La cobertura de la prensa obligó finalmente a la Iglesia a tomar cartas en el asunto y se ofreció amablemente a investigar el caso y realizar un exorcismo real. Los Smurl se mudaron en 1988 y, tras un último exorcismo, parece que sus "demonios" les dejaron en paz.

. . .

Desde entonces se han publicado un libro y una película, ambos titulados *The Haunted*.

No cabe duda de que este caso, al igual que el de Amityville Horror, degenerará en el lío habitual de interminables pleitos a medida que pasen los años.

4

Asia
EL SUICIDIO DEL COMISARIO

1871

Hoshiarpur, Punjab, India El Sr. y la Sra. Troward llegaron a Hoshiarpur para asumir sus nuevas funciones, pero cuando se instalaron en su bungalow les informaron de que los criados no querían quedarse allí, y les aconsejaron que ellos tampoco lo hicieran. Los Troward estaban demasiado cansados para escuchar e insistieron en quedarse. En mitad de la noche, su mujer le despertó gritando. Dijo que había visto a un hombre con un traje gris junto a la cama. Le había dicho "quédate quieta, no te haré daño" antes de dispararle con una pistola. A la mañana siguiente, los Troward se enteraron de que el anterior comisario, el Sr. DeCourcy, se había pegado un tiro en su dormitorio, tras asegurar a su aterrorizada esposa que no le haría daño.

. . .

LA LEYENDA DEL PENANGGAL
1895

Changkat Asah, Malaya

Cuenta la leyenda local que cuando una mujer muere al dar a luz se convierte en un horrible espíritu conocido como "Penanggal". Por la noche, su cabeza y parte de sus entrañas se levantan de la tumba y vuela por el aire chupando la sangre de cualquier hombre que vea.

Debe regresar a su tumba antes del amanecer. Una interesante variación de la leyenda del vampiro, pero a ojos modernos el espíritu se asocia más comúnmente con luces fantasmales. Sir George Maxwell vivía cerca de una colina llamada Changkat Asah. Los lugareños no tardaron en decirle que la colina estaba encantada por el "Penanggal".

Beginda Sutan, un hombre valiente, despreció la leyenda y decidió acampar en la colina toda la noche, pero por la mañana le encontraron completamente loco.

Sir George conoció en persona a Beginda y se dio cuenta de que estaba realmente trastornado, aunque una noche acampó en la colina, en busca de un tigre que había aterrorizado a un oficial.

· · ·

Vio dos luces fantasmales que se acercaban a toda velocidad, cada una del tamaño de una cabeza humana. Maxwell se dio cuenta de que era un fenómeno natural y no tuvo miedo.

Durante la noche vio casi 100 de estas luces, danzando por la zona, arrastradas por las corrientes de aire. Sabía que debían de volver loco a Beeinda, como podrían volver loco a cualquier hombre que hubiera estado tan condicionado culturalmente. Era un hecho trágico que Beginda hubiera perdido la cabeza por haber visto lo que no eran más que bolas de gas fosforoso.

LA DUCHA DE PIEDRA DE SUMATRA

Septiembre de 1903

Sumatra, Indonesia

W D Grottendieck, ingeniero holandés, acababa de regresar de un agotador viaje por la selva de Sumatra con 50 coollies y pasó la noche en una casa nueva que acababan de levantar sobre palos de bambú. A la una de la madrugada, el ingeniero se despertó al sentir que le caían piedras cerca de la cabeza.

·   ·   ·

Encendió su lámpara de queroseno y observó que las piedras parecían caer del tejado, aunque no había ningún agujero en la cubierta.

Grottendieck despertó a su criado en la habitación contigua y le dijo que saliera a comprobar si había alguien. Mientras el chico lo hacía, Grottendieck siguió observando las piedras que caían al suelo de la cabaña. Grottendieck intentó atrapar algunas de las piedras, pero las encontró muy escurridizas. Afirmó que muchas se alejaban flotando justo cuando él las alcanzaba.

Subió al tabique para ver de dónde podían venir las piedras, pero no encontró nada que explicara este extraño fenómeno. Frustrado, disparó cinco veces su rifle al aire, sobre todo para ahuyentar a los bromistas, pero las piedras seguían cayendo. Su criado anunció que todo era obra de Satanás y huyó a la selva.

Grottendieck no volvió a verle, pero en cuanto el chico se marchó cesó la lluvia de piedras. Por la mañana aún quedaban entre 18 y 24 piedras en el suelo de la cabaña.

Grottendieck descartó la posibilidad de que el chico le engañara porque, mientras se inclinaba sobre él e intentaba despertarle, pudo ver que las piedras seguían cayendo por un hueco del tabique.

Grottendieck, que hasta entonces se había declarado escéptico en cuestiones paranormales, creía que el lanzamiento de piedras había sido provocado por su hermana, fallecida tres meses antes. Creía que intentaba ponerse en contacto con él.

EL POLTERGEIST DE POONA

1927/1930

Poona, India

Una huésped de una casa de aquí llevó un diario de los fenómenos poltergeist, y algunas de las cosas que presenció fueron realmente extraordinarias. La señorita Kohn se alojaba en casa de la familia Ketkar. El 28 de julio de 1928 observó que poco después de que uno de los niños, Damodar, se hubiera acostado, sus juguetes empezaron a moverse solos. Su caja de juguetes de madera estaba cerrada de golpe y la tapa firmemente asegurada, pero los juguetes seguían moviéndose y se arrojaban sobre su cama.

Los fenómenos venían produciéndose desde el mes de abril anterior, y Damodar se había negado a dormir bajo una mosquitera porque entonces los juguetes quedaban atrapados en la cama con él.

La señorita Kohn colocó un diccionario grande y pesado sobre la caja de juguetes, pero esto no consiguió detener la actividad.

Una noche, un tarro entró volando en el dormitorio de la señorita Kohn; resultó ser un tarro que Damodar había llevado a la escuela unos días antes. El 26 de julio, la señorita Kohn estaba sentada junto a Damodar en su dormitorio cuando se le cayó un botón de cristal en un pequeño cuenco en el que ardía una vela.

En otra ocasión, Damodar fue "teletransportado" al coche que estaba dentro de un cobertizo cerrado y su hermano mayor también se materializó en una puerta, flotando a poca distancia del suelo. Para aplacar al espíritu, se dejaba fruta fuera, y más tarde la familia oía ruidos de "chasquidos de labios" y las cáscaras reaparecían más tarde con marcas de dientes. Menos agradables fueron las ocasiones en que Damodar fue mordido y abofeteado, a su hermanita le anudaron el babero con tanta fuerza que casi se ahoga, y a sus padres les arañaron, pellizcaron y embadurnaron de saliva.

El 23 de mayo de 1928, día en que Damodar cumplía nueve años, fue apedreado. La señorita Kohn le vigiló de cerca y, cuando le revisó los bolsillos, los encontró llenos de piedras.

. . .

En vista de todos los demás fenómenos increíbles que habían tenido lugar, no creyó que fuera culpable de engaño y concluyó que el poltergeist tenía un extraño sentido del humor. A menudo se ha comprobado que es así.

5

África

UN ESPÍRITU DEL DIABLO

1895

Lago Ncovi, Gabón, África Occidental

La intrépida exploradora Mary Kingsley estaba bañándose sola en el lago cuando vio una bola violeta, del tamaño de una naranja pequeña, que venía hacia ella desde el bosque de la orilla. Se le unió una segunda bola y parecieron dar vueltas una alrededor de la otra. Siguió las luces, pero una desapareció entre los arbustos y la otra se hundió en el lago.

Los nativos locales creían que las luces eran "aku", un espíritu del diablo.

EL FANTASMA DE WILFRED OWEN

Noviembre de 1918

Cerca de Victoria, Sudáfrica

Harold Owen no tenía ganas de celebrar el armisticio, estaba demasiado preocupado por su hermano, el poeta Wilfred Owen, que seguía sirviendo en el Frente Occidental.

Una noche, cuando se dirigía a su camarote en el HMS *Astraea*, vio a su hermano sentado en una silla con su uniforme caqui. Wilfred le sonrió y desapareció. Harold supo entonces que su hermano había muerto.

Efectivamente, lo habían matado el 4 de noviembre de 1918, pero su familia no se enteró de la triste noticia hasta el día del Armisticio, el 11 de noviembre.

LA MALDICIÓN DEL HOLANDÉS VOLADOR

26 de enero de 1923

· · ·

El Cabo de Buena Esperanza, Sudáfrica un testarudo capitán holandés llamado van Straaten se negó a hacer caso de las advertencias meteorológicas e insistió en navegar alrededor del Cabo de las Tormentas, actual Cabo de Buena Esperanza, con un tiempo espantoso. El barco se perdió en la tormenta, y cuenta la leyenda que fue condenado por toda la eternidad a surcar los mares. Se dice que la aparición de su barco fantasma es un presagio de fatalidad y desastre.

En otra versión, el capitán apostó con el diablo en cubierta y perdió, de nuevo condenado a navegar eternamente. En otra versión, una diosa apareció en cubierta, fue maltratada por la tripulación y, en venganza, los condenó a navegar eternamente. Richard Wagner convirtió la leyenda en una ópera, rebautizó al capitán van Derdeeken y dispuso que el capitán podía desembarcar una vez cada siete años para intentar redimirse reclamando la mano de una doncella inmaculada.

Un barco fantasma, que se cree que es el Holandés Errante, fue avistado frente al Cabo en 1923. El cuarto oficial, N. K. Stone, dijo que el barco fue avistado a medianoche y cuarto, cuando una luz luminosa apareció frente a ellos. Poco a poco, los hombres distinguieron la forma de un barco anticuado que se dirigía hacia ellos a toda velocidad. El segundo oficial hizo el inmortal comentario: "Dios mío, Stone, es un barco fantasma".

· · ·

También fue avistado en la década de 1880, cuando el futuro rey Jorge V prestaba servicio en un barco en el Cabo. Anotó simplemente en el diario de a bordo que "el Holandés Errante cruzó nuestra proa".

MUERTE PREVISTA DE ROY

Principios de los años 40

Base RAF, Egipto

El comandante George Potter y el oficial de vuelo Reg Lamb pasaron una noche bebiendo en el comedor de oficiales con un comandante de ala, sólo conocido para la posteridad como "Roy". En un momento dado, Potter miró hacia Roy, que se estaba riendo con un grupo de amigos, y vio una imagen de la cabeza de Roy sin ojos, con los labios despegados hacia atrás y la carne de un horrible color púrpura verdoso. Lamb le preguntó qué le pasaba. Potter describió la visión a Lamb, pero su colega no pudo ver nada malo. La noche siguiente Roy fue derribado sobre el Mediterráneo. Potter creyó haber visto una premonición del cadáver de Roy en el mar aquella noche.

EL DETECTOR DE EMBARAZOS FANTASMALES

· · ·

1952

Transkei, Sudáfrica

Por aquel entonces, Margaret Leigh trabajaba como terapeuta ocupacional en un hospital misionero y vivía con su marido en una casita muy sencilla con tejado de paja y paredes de piedra. Margaret empezó a sentirse algo melancólica mientras vivían allí, pero pronto ése iba a ser el menor de sus problemas. En una ocasión llamaron a la puerta, pero cuando abrieron no había nadie. Esto sucedió en varias ocasiones y, finalmente, los Leigh dejaron de abrir la puerta. También oían arrastrar los pies, como si alguien cojease al cruzar el salón. El fantasma merodeaba inquieto desde el sofá hasta el armario de la habitación y luego volvía a él.

Al hablar con los lugareños, se enteraron de que su fantasma se llamaba "primo John" y que había guardado sus bebidas en el armario, para desaprobación de su esposa. Cuando Margaret se quedó embarazada a finales de año, las visitas del fantasma se hicieron aún más frecuentes, lo que inquietó a muchos de sus huéspedes. Sin embargo, cuando nació el niño, los fantasmas cesaron bruscamente, y poco después la familia regresó a Inglaterra.

· · ·

Unos años más tarde, los Leigh volvieron a visitar la casa y se enteraron por boca de sus actuales ocupantes de que estaban acosados por un fantasma. Margaret adivinó correctamente que la mujer estaba en las primeras etapas del embarazo. Al parecer, por razones que él mismo conocía, al primo John le gustaba estar cerca de mujeres embarazadas.

EL POLTERGEIST DE ZIMBABUE

1983

Warren Hills, cerca de Harare, Zimbabue Los residentes de las casas de Warren Hills creían que sus hogares estaban embrujados por los enterrados en el cementerio que había bajo los edificios. Se desató una epidemia de poltergeist que produjo lluvias de piedras que provocaron la rotura de muchas ventanas. También se decía que las casas estaban muy frías, incluso en las noches húmedas.

EL POLTERGEIST NATAL

Navidad 1983

. . .

Pinetown, Natal, Sudáfrica La víspera de Navidad se oyeron fuertes estruendos en una casa que continuaron durante toda la Navidad. Nunca se produjeron daños. Todo culminó el día de Año Nuevo de 1984, cuando Wendy Roos, de 14 años, se sobresaltó al oír un ruido muy fuerte, como si una roca se hubiera estrellado contra el tejado.

EL FANTASMA DE SANGRE DE LA COSTA DE MARFIL

12 de marzo de 1985

Aboro, Abiyán, Costa de Marfil

La sangre brotó de las paredes de una casa en Aboro. La policía y los periodistas acudieron al lugar y examinaron varios objetos cubiertos de sangre, como ropa, utensilios de cocina, una ducha y una puerta. La sangre, que según los residentes olía mal, parecía seguirles por todo el edificio, ya que cada vez que caminaban por algún sitio, sus pisadas dejaban rastros de ella. Nadie resultó herido ni lesionado durante la improvisada lluvia de sangre.

EL POLTERGEIST KENIANO

· · ·

22/23 julio 1991

Thamara, Muthithi, Murang'a, Kenia

A la familia Muchoki del pueblo de Thamara se le quemó la casa, y la familia afirmó que el fuego había sido provocado por fantasmas. La noche anterior, a las 9.30, el tejado había sido apedreado cuando la familia se había ido a dormir. A la mañana siguiente, cuando la familia examinó los restos quemados de su casa, estaba convencida de que había actuado un agente sobrenatural.

6

Australia

LOS CIRUJANOS FANTASMAS

Febrero de 1941

Wearyan River, Territorio del Norte, Australia

Probablemente el más extraño de todos los casos de este libro. Una enfermera fue llamada a una zona remota para ayudar a un hombre que había recibido un disparo en la pierna y, mientras atendía a su paciente, llegaron dos hombres con batas blancas de quirófano y le echaron una mano. Al final levantó la vista para darles las gracias, pero habían desaparecido.

.   .   .

Varios aborígenes también vieron a los misteriosos ayudantes.

REGRESO DE LA DAMA

1953

Sarina, Australia Occidental

William Courtney estaba de luto por su galgo "Lady", al que acababan de sacrificar. Aquella noche oyó pasos en su habitación y un ruido como de un objeto pesado pero blando que caía al suelo junto a la cama. Encendió la luz, esperando ver al perro, pero no había nada.

EL EMBRUJO DE STOCKTON

Febrero de 1970

Stockton, cerca de Newcastle, Nueva Gales del Sur, Australia

· · ·

Uno de los sucesos más espeluznantes de Australia. Michael y Dianne Cooke huyeron de su casa de Stockton, cerca de Newcastle, tras una serie de sucesos espeluznantes. Sus camas estaban revueltas, los juguetes se movían, el pomo de una puerta temblaba con fuerza y una persona invisible tiraba de su hija hacia arriba.

Los amigos que vinieron a quedarse también se sintieron desconcertados por los fantasmagóricos sucesos, pero los Cook corroboraron su historia con los anteriores inquilinos, que también habían experimentado algunos incidentes misteriosos, y a veces angustiosos, en la casa encantada. Uno de ellos recordaba que alguien le había despertado sacudiéndole el hombro, otro se había despertado de repente y se había encontrado a alguien mirándole.

La pareja pasó quince días muy ajetreados antes de que Michael Cooke viviera la experiencia que puso fin a todo de una vez por todas. Salía a la calle cuando, por casualidad, miró a su espalda y se dio cuenta de que le observaba un rostro blanco con penetrantes ojos verdes que miraba por la ventana. Michael admitió con franqueza que se asustó tanto que sintió que se le saltaban las lágrimas. Poco después, los Cook abandonaron su indeseable residencia.

LAS LUCES DE MIN

· · ·

1981

Min Min, cerca de Boulia, Queensland, Australia

Las luces de Min Min del oeste de Queensland son uno de los ejemplos más famosos de luces fantasma de los que se tiene constancia. Bautizadas con el nombre de un remoto hotel y una oficina de correos que una vez estuvieron en la zona, cerca de Boulia, una bola luminosa de luz ha sido vista en varias ocasiones desde el primer avistamiento registrado en 1912.

En 1981, el Comisario de Policía de Queensland, N. W. Bouer, recibió un informe del sargento Lyah Bowth, testigo de la bola de luz. La vio a la una de la madrugada y la observó durante cinco o seis minutos antes de que se precipitara hacia el suelo y se apagara. Afirmó que había empezado siendo de un color blanco brillante, pero que luego se había atenuado hasta volverse amarilla. Esta descripción de la legendaria luz ha variado poco a lo largo de 70 años de avistamientos.

LA MALDICIÓN DE AYERS ROCK

1993

· · ·

Ayers Rock, Alice Springs, Territorio del Norte, Australia

Turistas asustados de todo el mundo afirmaban que Ayers Rock estaba maldita, con informes aparecidos en publicaciones tan diversas como The *Daily Telegraph*, *The New Scientist* y *The Wiccan* (el boletín oficial de la Federación Pagana). Se llevan trozos de roca como recuerdo, pero los turistas los devuelven y piden que se vuelvan a colocar en su sitio.

Un turista de Arizona afirmó no haber sufrido más que problemas de salud desde que compró un trozo de roca.

Una australiana dijo que había dado a luz muerta y contraído diabetes. Los aborígenes estaban desconcertados por todo esto, ya que, aunque creen que su querida roca es sagrada, subrayan que no tiene ninguna maldición.

Aun así, la Roca suele tener un profundo efecto en muchos de los que la visitan. En el punto álgido del caso del asesinato del bebé Dingo, a principios de la década de 1980, un joven, David Brett, acaparó la atención de la prensa sensacionalista mundial cuando anunció que sabía con certeza que el bebé Azaria había sido un sacrificio humano a la Roca, ya que él mismo estaba maldito por ella. También creía que estaba siendo perseguido por miembros de un grupo ocultista que pretendía hacerle el mal.

Tras su muerte, cuando se cayó de Ayers Rock, su madre declaró que su hijo le había dicho que podía ser víctima de un sacrificio humano ritual. La investigación dictaminó que David había muerto por accidente, sobre todo cuando se supo que había padecido una enfermedad mental durante años. Sin embargo, algo útil salió de su muerte. Su cuerpo se encontró cerca de la chaqueta manchada de sangre del bebé Azaria.

7

América del Sur

LA DUCHA DE PIEDRA DE SAO PAULO

1959

São Paulo, Brasil

La lluvia de piedras empezó tranquilamente una mañana de domingo de abril. Don Cid de Ulhoa Centro leía el periódico mientras su mujer y la criada preparaban la comida y los tres niños jugaban en el pasillo. De repente, don Cid oyó dos fuertes golpes. Cuando fue a investigar, los niños le dijeron que alguien les había tirado piedras.

Varios minutos después, un torrente de piedras empezó a llover sobre la hacienda de don Cid, penetrando en todas las habitaciones y rebotando en las paredes. Don Cid llamó a sus vecinos, que estaban tan desconcertados como él. Durante las 48 horas siguientes, las lluvias de piedras continuaron de forma aleatoria y la vajilla empezó a volar por la casa.

Don Cid llamó a un sacerdote, el padre Henrique de Morais Matos, para que practicara un exorcismo.

Al principio, el padre Henrique realizó un pequeño experimento. Colocó un huevo en la nevera. Poco después, un huevo se estrelló contra la pared de la despensa del mayordomo.

Cuando el padre Henrique abrió el frigorífico, descubrió que el huevo que había puesto allí había desaparecido. Tres exorcismos no consiguieron calmar el fenómeno por completo, pero cesó por sí solo al cabo de 40 días.

Se cree que la catalizadora fue la criada, Francesca, que permaneció muy tranquila durante toda la prueba y anunció que sabía que los fenómenos no le harían daño. Los vecinos creían que poseía poderes mediúmnicos. Francesca abandonó la casa poco después.

LA CALLE FANTASMA

1960s

Haití

El biólogo Ivan T Sanderson atravesaba Haití en coche con su mujer y un ayudante cuando el vehículo se quedó atascado en el barro. Todos salieron y se vieron obligados a caminar durante muchas horas hasta que se encontraron con lo que parecía una calle medieval francesa. Sanderson dijo que parecía parisina. Su mujer vio exactamente la misma escena, pero el ayudante la atravesó sin notar nada raro. Sólo cuando se detuvo para ofrecer cigarrillos a la pareja se dieron cuenta de que la calle había desaparecido por completo y se encontraban de nuevo en un lugar remoto.

EL COCHE ENCANTADO

18/19 septiembre 1960

cerca de Brasília, Brasil

Aquella noche, una pareja de recién casados, los padres del novio, su chófer y el médico Olavo Trindade circulaban por una carretera aislada de Brasilia a Belo Horizonte.

El coche empezó a mostrar síntomas de sobrecalentamiento, pero cuando todos se detuvieron a investigar, nada parecía ir mal. Mientras miraban el coche, les lanzaron piedras. El conductor disparó con una pistola, pero el bombardeo continuó.

El grupo decidió pedir ayuda en una comisaría cercana. El conductor regresó al lugar con un policía, pero esta vez, cuando intentó disparar su arma, descubrió que se había atascado. Encendieron los faros del coche para ver si podían identificar al culpable, pero no había nadie en aquel paraje aislado.

La fiesta se reanudó y la lluvia de piedras se reanudó y también empezó a entrar arena en el coche, a pesar de que todas las ventanillas estaban cerradas. De repente, el conductor gritó que alguien intentaba abrir la puerta. El Dr. Trindade se inclinó hacia delante para agarrarse a ella, pero se dio cuenta de que la puerta parecía abrirse por mucho que intentara agarrarse. El conductor vio una forma imprecisa fuera de la ventanilla del coche y todos los ocupantes empezaron a rezar en voz alta.

Por fin llegaron al hotel a las dos de la mañana, y cuando el conductor comprobó su arma vio que ya funcionaba correctamente. No había ni un solo rasguño en el coche. Este es uno de los misterios más extraños de este vasto e intrigante continente.

EL POLTERGEIST DE JABUTICABAL

Diciembre de 1965/1966

Jabuticabal, Brasil

Un brote poltergeist muy violento, centrado en una niña de 11 años llamada María José Ferreira, y que acabó con su muerte. Comenzó de forma amistosa, con el ente regalando flores o caramelos a María si lo pedía, pero no tardó en volverse muy desagradable. Además de los fenómenos insólitos de piedras y huevos lanzados por toda la casa, objetos que aparecían de la nada y vajillas rotas, María fue víctima de algunas prácticas fantasmales malignas. Recibió mordiscos y bofetadas, le arrojaron muebles, estuvo a punto de asfixiarse en la cama por la noche cuando le colocaron objetos sobre la nariz y la boca, le clavaron nada menos que 55 agujas en el talón y su ropa se incendió.

La familia llamó a un sacerdote católico para que practicara un exorcismo, pero la situación empeoró, ya que los objetos empezaron a volar con más frecuencia. María fue enviada a casa de una vecina, pero los fenómenos la siguieron, lanzando piedras a la niña dondequiera que fuera, pero los testigos observaron que las piedras parecían tener un efecto magnético entre sí. María fue llevada a un centro espiritista, donde una médium se comunicó con el poltergeist.

Decía que María había sido bruja en una existencia anterior y había causado mucho sufrimiento y que ahora le tocaba sufrir a ella. Se elevaron plegarias y súplicas especiales a la entidad, pero el hechizo continuó. El calvario de María duró un año y terminó de forma trágica cuando la encontraron muerta por beber repelente de insectos. Apenas tenía 13 años.

EL POLTERGEIST DE IPIRANGA

1968-1973

Ipiranga, São Paulo, Brasil

En este caso se registró una gran variedad de fenómenos, como un taburete que se deslizaba por unas escaleras y atravesaba una puerta cerrada, ruidos de golpes, un incendio dentro de una bolsa de ropa y dentro de un armario cerrado, ropa y suelos que inexplicablemente se empapaban de agua y luego volvían a secarse de forma igual de inexplicable, y objetos que se movían o desaparecían por sí solos.

La familia intentó mudarse cuatro veces, pero la amenaza persistía. Su calvario sólo terminó cuando su hija se casó, lo que probablemente significó que el poltergeist había perdido su catalizador.

LA JUNGLA ENCANTADA

Junio de 1978

Presa de Alto Anchicaya, Colombia

Craig Downer, trabajador estadounidense del Cuerpo de Paz, estaba con un colega en la presa de Alto Anchicaya cuando ambos presenciaron un espectro inolvidable. Lo describieron como luminoso, transparente, nuboso y blanquecino con un tinte verdoso. Flotaba a poca distancia del suelo, y estaba de pie a sólo 60 pies de ellos. Los dos hombres se sintieron tan desconcertados que volvieron corriendo a su campamento y más tarde se enteraron de que en el puente se había producido un grave accidente que bien podía explicar el peculiar espectro.

Conclusión

Lo FASCINANTE de todos los casos que acabas de conocer es su reiterada aparición en distintas partes del mundo. A pesar de los avances del mundo científico, los poltergeists siguen manifestándose con frecuencia. Seguramente tú has sido testigo de alguna aparición supernatural o conoces a alguien que ha vivido uno de estos fenómenos.

Es difícil creer en la existencia de las apariciones si has estado mucho tiempo sin presenciarlas. Este libro es apenas un breve recuento de millones de historias que han sucedido a poblaciones enteras, a incrédulos empedernidos y a gente común y corriente. Quién sabe y ¡podrías ser tú el próximo en contar una historia alucinante de poltergeist!